Walter Trayser

Vor dem Ernst des Lebens

Kindheit in den Fünfzigern

Ein Tatsachenroman

www.tredition.de

Umschlaggestaltung, Illustration: Patrick Ritter
Lektorat, Korrektorat: Patrick Ritter

Verlag: tredition GmbH, Hamburg
ISBN: 978-3-8495-6873-3
Printed in Germany

Prien, 07. Mai 2012

Wir trafen uns in einer Klinik am Chiemsee. Beide ausgebrannt und müde. Vom Alter her zwei gestandene Fünfziger, die sich beruflich zu viel zugemutet hatten. Willmann, ein kleiner sportlicher Typ, mit angegrautem Haar und Dreitagebart. Ich selbst, ein Schreiberling, der sich omnipotent gefühlt, nichts ausgelassen hatte. Bei Willmann blickte ich in ein ernstes, gutmütiges Gesicht. „Ob wir Freunde werden könnten?", dachte ich bei unserer ersten Begegnung. Irgendwie ergab es sich, dass wir Tischnachbarn wurden. Mein Gegenüber sagte anfänglich nicht viel, verschwand gleich nach dem Essen in unsere Abteilung, um Kaffee zu trinken. Nach und nach konnte ich ihn in Gespräche einbinden. Es gab jede Menge Themen, über die wir uns gut unterhalten konnten. Angefangen vom Tagesgeschehen, über Sport, Gott und die Welt. Willmann war gebildet, er verstand es überall mitzureden. Aber er konnte auch giftig werden, ja sogar mit beißender Ironie kontern, wenn es um Glaubensfragen ging. Bei bestimmten Mitpatienten machte er sich da anfänglich unbeliebt. Je länger man mit ihm zusammen war, desto angenehmer wurde er. Irgendwie gewann ich seine Sympathie. Anfänglich sprachen wir nie über persönliche Dinge. Ich wusste noch nicht einmal, wo er herkam. Der Spracheinfärbung nach, irgendwo aus Süddeutschland.

Jedes Wochenende war Freizeit angesagt. Willmann lud mich nach der zweiten Woche zu einer ausgedehnten Wanderung ein. Ich sagte kurz entschlossen zu. Er übernahm die Führung, ich folgte ihm. Hoch über dem Chiemsee machten wir Rast. Eine überwältigende Aussicht belohnte uns. Nachdem wir unser Proviantpaket ausgepackt, Brote und Obst verzehrt hatten, fing Willmann urplötzlich an zu erzählen.

Der Einstieg

Irgendwo im Garten meiner Eltern stand immer ein Stock. Wenn etwas vorgefallen war oder sich ein Erwachsener über mich beschwerte, bekam ich einen Abzug. Das bedeutete, mein Vater legte mich über sein Knie und versohlte mir den Hintern.

In unserer Gegend war es üblich, Kinder mit den Worten: „Deine Mutter hat mit dem Kochlöffel gepfiffen", nach Hause zu schicken. Bei Missachtung der Regeln, sah der Vollzug mit diesem Küchengerät bei mir so aus, meine Mutter versohlte mir mit diesem hölzernen Universalwerkzeug den Po oder drangsalierte meine Finger.

Ähnlich erging es den Hunden, auch für sie ertönte ein Pfiff. Sie zogen den Schwanz ein, wurden verprügelt und jaulten.

Wir Kinder verhielten uns wie unsere großen Vorbilder, die Indianer.

Wie die Indianer

Da wir immer etwas anstellten, war klar, was täglich auf uns zukommen konnte. War es dann soweit, kannten wir keinen Schmerz und ertrugen die Prügel, ohne einen Laut von uns zu geben.

Wer heulte, war ein Mamakindchen.

Auch in der Schule wurden wir in der Regel mit dem Stock geschlagen.

Ein lebhaftes Kerlchen wie ich, immer vorne mit dabei, machte da natürlich häufig Bekanntschaft mit dem Zeigestock.

Die größte Anerkennung bekam ich, wenn beim „Pfötchen machen" keine Regung in meinem Gesicht zu erkennen war. Schläge mit einem Bambusstock auf die Fingerkuppen, war die Obergrenze des Ertragbaren.

Dafür nahm ich dann die Anerkennung in der großen Pause auf dem Schulhof entgegen. Denn solche Heldentaten sprachen sich schnell herum. So kamen auch ältere Schüler vorbei und klopften mir huldigend auf die Schulter.

Für meine Eltern war es das Schlimmste, wenn ihnen etwas über mich erzählt wurde. Es genügte schon, dass ihnen zu Ohren kam: „Euer Kleiner war auch dabei."

„Du hast wieder etwas angestellt", bekam ich dann zu hören. Erklärungen oder gar Entschuldigungen waren damals nicht zugelassen. Strafe musste sein!

Anfang der Fünfziger, bevor meine Eltern ihr eigenes Haus bauten, wohnten wir im Bensheimer Weg, in Auerbach an der Bergstraße, beim Kohlenhändler Wüst. Im zweiten Stock, eine kleine Dreizimmerwohnung, war unser Zuhause. Mein älterer Bruder Gerhard, betreute mich den Kleinen, fürsorglich und behutsam.

Den Kohlenhändler nannten alle Heges, warum habe ich vergessen.

Das Haus lag etwas abseits von der Straße, weil vorne die Lagerhalle verkehrsgünstig platziert war.

Da konnte der Heges mit seinem Laster besser herumkurven.

Im Hinterhaus wohnten meine besten Freunde, die Zwillinge Rainer und Wilfried Waldmann, kurz die Waldmänner genannt.

Wir führten ein geregeltes Leben.

Mein Vater fuhr morgens um 6:45 Uhr mit dem Fahrrad zur Arbeit, kam um 12:15 Uhr zurück, wo das warme Mittagessen bereit stand. Um 13 Uhr musste er wieder arbeiten. Kurz nach 17 Uhr war er zurück. Dann gab es Abendbrot. Dieser Rhythmus bestimmte unsere Werktage.

Meine Mutter sorgte sich um den Haushalt von früh bis spät. Sie hatte einen geregelten Wochenplan.

Montag war Waschtag. Gemeinsam mit ihren fünf Schwestern traf sie sich in der Waschküche der Blauen Au, dem familieneigenen Lokal. Dort wurde gewaschen, die Wäsche getrocknet und gelegt. Natürlich auch die neuesten Tratsch-Geschichten ausgetauscht. Montags gab es meistens zu Mittag ein Resteessen, wenn vom Wochenende einiges übrig blieb. Der Metzger präsentierte dienstags frische Rinderleber. Damit war klar, was auf den Tisch kam. Am Mittwoch nahmen wir eine Mehlspeise zu uns. Als Beigabe eingewecktes Obst. Donnerstag: Bratwurst, Rotkraut und Kartoffelbrei.

Obwohl wir evangelisch waren, stand freitags Fisch auf dem Tisch. Samstag, obligatorischer Tag der Grundreinigung, also wenig Zeit zum Kochen. Dicke Suppe oder Eintopf.

Abends wurden mein Bruder und ich gebadet. Das sah so aus: Auf dem Küchentisch stand die Zinkwanne. Im Einweckständer erhitzte mein Vater das Badewasser. War die richtige Temperatur erreicht, goss er es in die Wanne. Zuerst kam mein Bruder an die Reihe, weil der immer sauberer war als ich. Meine Mutter schrubbte ihn mit Kernseife ab, dann durfte ich in das lauwarme Wasser. Danach sah die Brühe sehr trübe aus. Mit einem harten Handtuch rubbelte mich Mutter ab. Frische Wäsche für die nächste Woche, war bereitgelegt. Natürlich mussten die Kleineren abgelegte Kleider von Größeren auftragen. Egal ob gestopft oder mit

Flicken ausgebessert. Mein Vater bekam jeden Tag seine Kleider heraus gelegt.

Wie meine Eltern sich reinigten und pflegten habe ich als Kind nie gesehen. Die intime Welt der Erwachsenen blieb uns Kleinen total verborgen. Gingen sie zu Bett hörten wir, wie sich der Schlüssel im Schloss drehte.

Am Sonntagmorgen unternahm mein Vater mit uns Buben fast immer eine Wanderung. Manchmal durften auch Freunde mit. Mutter blieb zu Hause, machte die Betten frisch, flickte unsere Kleider, bereitete das Sonntagsessen vor. Wenn sie viel Zeit hatte, saß sie im Schlafzimmer an ihrer Singer Nähmaschine und schneiderte auch für andere Leute, um noch etwas hinzu zu verdienen. Manchmal sang mein Vater mit uns, wenn wir von unserer Sonntagswanderung zurück kamen und sie noch an der Nähmaschine saß: „Tante Lisbeth, Tante Lisbeth, die Nähmaschin`, die geht net, die Nodel is verboche un de Hitler hot geloche."

Meine Mutter hatte dienen gelernt. Zuerst ihren Eltern, sie war das älteste Mädchen von insgesamt acht Geschwistern. Neun und Zehn, die Zwillinge Peter und Paul, waren kurz nach der Geburt verstorben. Oft erzählte sie, dass sie ihrem Vater, der im Sommer als Maurer arbeitete, den Essenstender zu Fuß bis nach Lindenfels tragen musste. Leider brachte die Gastwirtschaft nicht genügend ein, um die Großfamilie Schabert zu ernähren, deshalb schickten meine Großeltern ihre Tochter als Dienstmädchen nach Frankfurt.

Meine Mutter kam in Stellung, wie man damals sagte, bei den Schwestern Kehr in der Gärtnerstraße.

Paula, eine Klavierlehrerin, die später mit in unserem Haus lebte und Käthe, die Ärztin, von der uns Mutter in der Kindheit oft erzählte.

Nachfrage

Hier unterbrach ich Willmann. „Von dieser Ärztin habe ich schon einmal etwas gelesen. Hat sie nicht auch in Freiburg studiert?" „Ich kann dir nur berichten, was ich von meiner Mutter erfahren habe, antwortete Willmann. Leider hat sie von der Geisteshaltung dieser Frau wenig mitbekommen. Es ging ihr immer nur um Haushalt, Sauberkeit und Ordnung."

Willmanns Mutter erzählt

Nachdem ich die Hauswirtschaftsschule abgeschlossen habe, nehmen mich die Kehr-Schwestern in Frankfurt in Stellung. Ich bin für den Haushalt zuständig. Kochen, Wäsche besorgen, alles sauber halten, Einkaufen, Post erledigen. Mit Paula habe ich anfänglich wenig zu tun. Sie besteht lediglich darauf, dass ich sie mit Fräulein Kehr anreden muss. Fräulein Doktor bestimmt den Tagesablauf. Im Gärtnerweg 52, hat sie das Sagen. Wenn ich mir ihren bisherigen Lebensweg anschaue, ist das auch kein Wunder. Sie hat sich alles erkämpfen müssen. Als eines der ersten Mädchen überhaupt besteht sie am Großherzoglichen Hessischen Gymnasium zu Worms die Maturitätsprüfung, wie sie mir erzählt. Sie will unbedingt Ärztin werden. Gegen vielfachen Widerstand der männlichen Hierarchie im Bereich der Medizin, gelingt es ihr zusammen mit anderen Frauen, zunächst als Gasthörerin an den Universitäten Halle, Zürich und Freiburg, zugelassen zu werden.

Endlich im Jahr 1900 ergeht der Zulassungserlass der badischen Landesregierung und der Universität Freiburg. Die Uni Freiburg datiert die Immatrikulation um ein Semester zurück. Das Wintersemester 1899/1900 wird ihr anerkannt. Sie besteht im Jahre 1901, die ärztliche Vorprüfung und vierundzwanzig Monate später, die ärztliche Staatsprüfung. Nachdem sie als Assistenzärztin in Düsseldorf und Frankfurt gearbeitet hat, gründet sie ihre eigene Praxis als niedergelassene Kinderärztin 1926 in Frankfurt.

Während ihres Aufenthaltes in der Schweiz und in Freiburg, hat sie auch die Schriftsteller Hermann Hesse und Ludwig Finckh kennen gelernt, mit denen sie lebhaften Briefwechsel führt. Besonders Finckh schreibt ihr über die Jahre regelmäßig. Ich glaube er ist richtig in sie verliebt gewesen. Das alles ändert sich 1933. Die Nazis kommen an die Macht. Dr. Kehr ist sehr aufgebracht, ich erkenne sie überhaupt nicht mehr. Sie schimpft offen über Finckh, weil er mit Hitler sympathisiert. Der Briefwechsel schläft ein. Auch Hermann Hesse meldet sich kaum noch. Was da wohl geschehen ist?

Die jüdischen Patientinnen kommen nur noch in der Dunkelheit. Sie begleichen das Honorar mit Silber und anderen Wertgegenständen. Anfänglich sind sogar Arbeiten von Karl Berthold dabei, der später für den Führer gearbeitet haben soll. Fräulein Doktor fühlt sich nicht mehr wohl in Frankfurt. Ich empfehle ihr die Bergstraße, mein Auerbach. Sie begleitet mich an einem Wochenende, nimmt Quartier in den Poststuben. Zu meiner Überraschung gefällt ihr der oberhalb des Fürstenlagers gelegene Krisselberg, besonders gut. Wenig später kauft sie das ganze Areal. In bester Lage wird für sie ein wunderschönes Landhaus gebaut.

Leider denkt sie bei ihrer Arbeit nie an sich. Krankheitssymptome werden ignoriert. Nach nur vier Tagen Krankenlager, nimmt sie Abschied vom Leben. Paula, die Klavierlehrerin, beschäftigt mich nach dem Tode ihrer Schwester weiter. Die Praxis in Frankfurt wird aufgelöst. Auch in dem Haus auf dem Krisselberg will sie nicht bleiben. Eine Frau von Haries kauft das Anwesen weit unter Wert, wie mir später klar wird. Frl. Paula Kehr nimmt sich eine Wohnung in der Erlenhauptstraße. Sie beschäftigt mich langfristig im Haushalt. Auch nachdem sie zu uns in die Beethovenstraße übergesiedelt ist, betreue ich sie weiter.

Krisselberg

Krisselberg

Bewegung

„Das ist ja hoch interessant, Willmann, was du da zu erzählen weißt. Doch wir sollten uns jetzt erst einmal auf den Weg machen, sonst kommen wir noch in die Dunkelheit." „Ja, da hast du recht, Bewegung tut uns wieder gut", bemerkte Willmann und stand auf. Nebeneinander begaben wir uns auf den langen Abstieg.

Willmann redet wieder

Meine Mutter bediente somit Frl. Kehr und ihren Mann, der den Ton angab. Mein Bruder und ich waren so erzogen, dass wir jeden, der nicht unmittelbar zur Familie gehörte, mit einem Diener, begrüßen mussten. In mir rief das immer ein Gefühl von Übelkeit hervor. Wobei zu bemerken ist: Meine Mutter hat sich in ihrer dienenden Rolle sehr wohl gefühlt.

Vater erledigte alle handwerklichen Arbeiten selber. Das fing bei Haare schneiden an und hörte bei Schuhe besohlen auf. Selbst meine ersten Schlittschuhe und mein erstes Fahrrad fertigte er am Arbeitsplatz an.

In kalten Wintern war es etwas schwierig in der kleinen Wohnung. Heizmaterial war sehr teuer. Oft konnten wir Eisblumen innen von den Fenstern kratzen. Zum Einschlafen bekamen wir eine mit heißem Wasser gefüllte Steinhäger Flasche mit ins Bett. Die wärmte unsere Füße und half beim Einschlafen.

Dieses häusliche Leben ließ mir so gut wie keinen Freiraum. Da war ich der Kleine, der hören musste.

Abwechslung bescherten mir im Hinterhof die Waldmänner. Wir verstanden uns prima, besonders, weil ich der ruhende Pol zwischen beiden war. Zwillinge geraten scheinbar als Kleinkinder oft aneinander. Trotzdem ging es immer spaßig zu.

Die Zeit als Umhäuser spielte sich auf dem Gelände der Kohlenhandlung oder im Hof der Blauen Au, der Gastwirtschaft meiner Großmutter ab.

Feiertage

Woran ich mich gut erinnern kann, ist Weihnachten und Ostern. Weihnachten an den Bratengeruch der Gans. Danach zwei Tage Völlerei. Jede Menge Plätzchen, in verschiedenen Dosen, die in der Vorweihnachtszeit im Schlafzimmerschrank der Eltern unter Verschluss blieben. Heißbegehrt, die kalten Hunde. Die durften nur rationiert gegessen werden, sonst hätten sie die Feiertage nicht überlebt. Dagegen kauten wir bis Ostern an den Anis-Plätzchen. Die große Familien-Bescherung im Saal der Blauen Au, ist mir auch noch in Erinnerung.

Da saßen die Kinder angstvoll, einige auch unter dem Tisch, wenn der Nikolaus kam und jedem die Leviten las. In seinem großen Buch stand alles, was ich das Jahr über vergeigt hatte. Und hinten aus seinem Sack, den er über die Schulter trug, ragte ein ausgestopftes Bein heraus. Der Kinderschuh am Fuß komplettierte das Arrangement. Meine doofe Kusine Moni, die in Käfertal ihre ersten Kindertage verbrachte, petzte einmal: „Des Willmännche hat bei der Tante Else im Garde Gellariewe geklaut." Worauf mir der Ruprecht mit der Rute drohte. Da gelobte ich sogleich Besserung. Vor der Bescherung mussten wir Kleinen etwas präsentieren.

Mit zittrigen schweißnassen Fingern saß ich am Klavier. Es gelang mir nie, ein Weihnachtslied fehlerfrei vorzuspielen. Zum Schluss bekam jedes Kind aus unserer Verwandtschaft dann doch ein Geschenk. Nach der großen Bescherung, ging es nach Hause zur kleinen im engen Familienkreis.

Am Karfreitag wanderten wir mit meinem Vater in der Frühe los, die Schönberger Straße hoch, übers Mühlbächel zur Bolze-Wiese. Dort sammelten wir Moos für das Osternest. Aus Haselnussholz schnitzte Vater für uns Kinder den Karfreitag-Stock. Geschickt schälte er mit dem Messer die Rinde ab, so dass ein Schlangenlinien- Muster entstand. Mit dem Moos im Rucksack und dem Stock in der Hand, ging es dann auf den Heimweg. Mutter wartete schon mit dem Mittagessen auf uns.

Bei allen Unternehmungen war die Leica-Kamera Vaters ständiger Begleiter. Unzählige Fo-tos entwickelte er in seiner Dunkelkammer. Bild-Dokumente meiner Kindheit gibt es zu Hauf.

Das Osternest haben wir dann am Karsamstag gebaut. Gut erreichbar unter der Hecke an der Zufahrt zum Haus, damit der Hase es auch finden konnte. Irgendwann am Sonntag nach dem Frühstück ertönte dann der Ruf: „Der Hase war da!" Mein Bruder und ich rannten zu unseren Nestern. Wir freuten uns über gefärbte Eier, ein von Mutter gefertigtes Kleidungsstück und eine Tafel Schokolade. Ich kann zudem noch gut daran zurück denken, dass einmal der Heges am Nachmittag zu uns Kindern in den Hinterhof kam und rief: „Der Hase war noch einmal da!" Freudestrahlend liefen wir nach vorne, um nach unseren Nestern zu sehen. Doch die Enttäuschung war groß. Im Nest lagen Eierkohlen. Der alte Geizkragen grinste vor Schadenfreude. Dagegen war sein Sohn das wahre Gegenteil. Christoph stand uns zur Seite und machte jeden Spaß mit.

Weihnachten

Die Leica

Der Hase war da

Unvergessliche Erlebnisse

An heißen Sommer-Wochenenden fuhr Vater auch mit uns zum Baden nach Gernsheim an den Rhein. Natürlich mit dem Fahrrad. Da konnten auch andere mitkommen. Manchmal zählte die Radler-Kette zehn Personen. Bei dem mäßigen Verkehr damals kein Problem. Die Nazis hatten die Gernsheimer-Rheinbrücke in den letzten Kriegstagen zerstört, damit die Amis nicht so leicht übersetzen konnten. Jetzt stand für militärische Zwecke eine Ponton-Brücke bereit, die von der Pioniereinheit aus dem Herdweg gebaut und gewartet wurde. Für den Privatverkehr gab es eine Fähre. Wir setzten mit ihr über den Rhein. Nach einer kurzen Wegstrecke gelangten wir am inneren Rheinbogen zu einem wunderbaren Sandstrand, an dem es nur sachte in das tiefere Wasser ging. Die Strömung war gering, zum Spielen für Kinder ideal. Vater sorgte dafür, dass wir Kinder frühzeitig schwimmen konnten, noch bevor wir zur Schule mussten.

Bei meiner Oma im Hof, gab es immer etwas zu erleben. Da war einmal der Hund Lux, den ich über alles liebte. Ein Mischling, der stundenlang mit mir spielen konnte.

Oder auch der Schweinestall mit der Sau, die mit Speiseresten gemästet wurde. Wenn ihr Ende gekommen war, Anfang Oktober beim Schlachtfest, kochte die Metzelsuppe. Füllten ihre Därme Leberwurst, Blutwurst und Schwartemagen. Natürlich nur zum Eigenbedarf. Im Vorratskeller hingen hinterher die scharf gewürzten Würste, nach deren Verzehr die Wirtshausgäste erst recht Durst bekamen.

Zum Herbst gehörte die Weinlese. Oma kelterte eigenen Wein, der in riesigen Fässern im Weinkeller unter dem Saal reifte. Im folgenden Jahr konnte er am Stammtisch ausgeschenkt werden.

Der Winzer brachte die Trauben vom Wingert herunter in den Hof, füllte sie in Holzbottiche. Wir Buben wateten dann mit nackten Füßen darin herum, bis alle Trauben zermatscht waren. Danach kam das Zeug in die Kelter. Das Auspressen erfolgte mit Muskelkraft. Wer von dem Most zu viel trank, bekam den flotten Otto.

Beeindruckend war auch die Anlieferung des Bieres. Von sechs Pferden gezogen kam der Brauereiwagen aus Darmstadt angerollt. Die Kaltblüter machten mächtigen Eindruck. Genauso die Bierkutscher mit ihren riesigen Lederschürzen. Wiener Kronenbrauerei war an der Seite des Wagens zu lesen. Das Gespann fuhr in den Hof, beladen mit Bierkästen, Fässern und Stangeneis. Wie die Kutscher, derbe Kerle, zuerst das Eis und danach ihre Ladung in den Keller schafften, war jedes Mal ein Erlebnis für uns Kinder. Wenn sie gut drauf waren, packten sie uns mit ihren kräftigen Armen und warfen uns hoch in die Luft. Kurz vor dem Boden fingen sie uns wieder auf.

An meine Vorschulzeit habe ich sonst keine großen Erinnerungen.

In der Zeit als ich zur Schule kommen sollte und wir unser Haus bauten, fangen meine Erinnerungen so richtig an.

Da stand ich kurz vor meinem sechsten Geburtstag.

Nach der ersten Wanderung

Die Zeit war wie im Fluge vergangen. Urplötzlich standen wir vor unserer Klinik. Willmann hörte auf zu reden. „Ich schlage vor, wir vergleichen nach dem Abendessen unsere Wochenpläne. Deine Geschichte klingt so spannend, wir sollten uns die nächsten Tage unbedingt wieder treffen, wenn es dir recht ist. Ich bin begierig mehr von dir zu erfahren, „ließ ich ihn wissen. Er schaute mich kurz an. „Ich glaube, das wird mir gut tun", sagte er. Dann verließ er mich grußlos.

Nach Gernsheim

Baden am Rhein

Mittwoch, 09. Mai 2012

Zur Wochenmitte fand sich ein freier Nachmittag. Wir verabredeten uns am See. Ein malerischer Fußweg führte am Seeufer entlang. Den wollten wir so lange verfolgen, bis uns die Füße wehtaten. Für den Rückweg konnten wir den Bus nehmen.

„Hör einmal", begann ich, „erzähl mir doch ein wenig von diesem Auerbach. Ich habe keine Ahnung, wo das liegt." Willmann schwieg eine ganze Weile. So, als ob er in die Tiefe seiner Erinnerung hinabsteigen wollte. Er blickte über den Chiemsee und holte tief Luft.

Auerbach

Auerbach an der Bergstraße. Luftkurort. Die Bundesstraße 3 als Verkehrsader mitten hindurch. Lindenbäume säumten die Straße. Die hatte Napoleon einmal anpflanzen lassen, damit seine Truppen besser im Schatten marschieren konnten. Sie verlief wie ein Lindwurm, von Darmstadt bis Heidelberg. Orte, die weiter weg lagen, gehörten in eine andere Welt.

An der Einmündung der Bachgasse, das bekannte Hotel Krone, wo angeblich zu früheren Zeiten Fürsten und Könige logiert haben sollen. Entlang der B3, Konsum, Frisör, Schreibwarenladen, Bäcker Metzger, Apotheke. Nicht zu vergessen einige Hotels und Lokale.

Die Bachgasse führte zum Rathaus, dem eigentlichen Ortskern. Darüber wachte die Bergkirche. Allein die Weinlokale in der Bachgasse, wo der Auerbacher Rott ausgeschenkt wurde, hatten sich einen Namen gemacht.

Besonders zur Federweißen-Zeit war da viel los. Wer den jungen Wein nicht mit Verstand trinken konnte, dem schwankten die Sinne. Über die Auer führten nur Holzstege. So mancher der die Hefe hatte, landete im Bach.

Auerbach

Über die Bachgasse, den Neuen Weg oder die Kappengasse, führte der Weg zur Schlossbergschule. Ein ehrwürdiger Bau, dessen Hof eine hohe Mauer umschloss. So konnte der Schuldiener alle

Kinder die zu spät kamen aufschreiben und dem Direktor melden.

Über allem thronte das Auerbacher Schloss als Wahrzeichen. Etwas nördlicher der Melibokus, der höchste Gipfel weit und breit.

Unterhalb der B3 wurde es flach. Hier begann die Rheinebene. An den Hängen der hügeligen Bergstraße, von den Römern schon Strata Montana genannt, wuchs der Bergsträßer Wein.

In westliche Richtung führten in Auerbach drei Straßen über einen beschrankten Bahnübergang in die Feldgemarkungen. Der Brückweg, die Bahnhofstraße und der Herdweg.

Wer zur Blauen Au, den Kasernen, der Dreschhalle oder zum Heldenfriedhof wollte, bog von der B3 ab um dorthin zu gelangen.

Im Herdweg

In unserer Straße hatten sich nur wenige Familien angesiedelt, meine Großeltern gehörten dazu.

Mein Großvater war zu Lebzeiten als „der Schwarze" bekannt, weil ihn seine tiefschwarzen Haare kennzeichneten.

Wir gehen zum Schwarzen hieß es, wenn die Arbeiter und Handwerker in der Blauen Au „einen Heben" wollten. Zwei Häuser weiter hatte die alte

Frau Kurt ein kleines Geschäft, wo es das Nötigste gab. Dort durften wir immer mit der Milchkanne frische Milch holen. Frau Kurt, eine stets freundliche Frau, steckte mir häufig eine Karamelle zu. Auf dem Rückweg schleuderte ich die gefüllte Kanne am gestreckten Arm im Kreis, so dass kein Tropfen verloren ging. Das war eine der ersten Mutproben. Zum Glück ist nie etwas schief gegangen.

Noch etwas weiter unten befand sich der Steinmetzbetrieb von Leonard Jüngling. Seine Enkel Leo und Norbert gehörten zu meinem engsten Freundeskreis. Ihren Vater Willi nannten alle Willi Brand. Weil er immer einen Brand, einen Durst hatte, den es in der Au zu löschen galt.

Scheinbar war es von alters her so Brauch, bestimmten Familien einen, wie wir zu sagen pflegten, Utznamen zu verpassen. Den alten Wahlig nannten alle nur Kicker, seiner Fußballleidenschaft geschuldet. Als einen Spitzkopf oder Kreuzkopf, weil er eben katholisch war, bezeichneten die Erwachsenen den Fink. Der Jährlich an der Ecke hieß Lord. Er konnte so galant laufen wie eine Lordschaft und glänzte als Tänzer an der Kerb. Den Kohlenhändler Wüst, wie schon gesagt, nannten alle Heges.

Dann gab es noch das Äpfelchen, den Dengelmann, sein runder roter Kopf leuchtete, wenn er von der Au nach Hause wankte. Stand er dann vor seinem Hoftor und hatte mächtig Dampf, ließ er regelmäßig den philosophischen Spruch ab: „Gefährlich ist`s den Leuv zu wecken, grässlich ist des Tigers Zahn. Jedoch der gefährlichste aller Schrecken ist`s, den Teufel am Arsch zu lecken, denn da klebt Grünspan dran." Dann verschwand er in seinem Haus. Wie er von seiner Frau empfangen wurde, bleibt ein Geheimnis.

Im Herdweg wohnten einfache Leute, Handwerker und Arbeiter eben und wir waren Arbeiterkinder.

Das frühere Kasernengelände der Wehrmacht, war in meiner Kindheit von den Amerikanern, den Amis, in Beschlag genommen worden. In der Nähe, im Sand, gab es noch den neuen Fußballplatz. Den planierten die Amis mit ihren Pionier-Schiebern für die Fußballer. Die blaue Au selbstverständlich das Vereinslokal des FC Auerbach. Onkel Bernd der erste Vorsitzende.

Welche Probleme die Alten untereinander hatten, interessierte uns Kinder nicht. Von den Ereignissen der Hitlerdiktatur mit ihrer ganzen Hässlichkeit, erfuhren wir nicht die Bohne. Wir wussten nicht einmal, warum in den Kasernen die Amerikaner stationiert waren.

Dass in den Baracken am Bahnhof vor 1945 griechische KZ-Häftlinge untergebracht waren, die dann in Hochstätten im Bergwerk bis zum Umfallen schuften mussten, davon erzählte niemand. Noch nicht einmal im Vollsuff am Stammtisch.

Unser Lebensraum war der Herdweg und die angrenzenden Äcker und Felder. Wenn wir uns täglich zu Spielen trafen, waren ruck zuck sechs bis zehn Buben versammelt.

Pit, Heinz, Leo, Norbert, Dieter, Werner, Hannes, Rainer, Wilfried und natürlich ich. Häufig gesellte sich noch irgendein Älterer dazu, der gerade Zeit hatte. Mit Mädchen spielen, das ging damals überhaupt nicht.

Im Herdweg

Die Herdwegser

Nachbarschaftshilfe

Baugrube ausheben

Zwischenruf

„Das kann ich nicht verstehen", bemerkte ich, „was wäre denn dabei gewesen?"

„Die lebten in einer anderen Welt", sagte Willmann, „bei uns war alles getrennt. Nur in die Schule und den Konfirmandenunterricht durften wir zusammen gehen. Selbst die einmalige Stunde Aufklärungsunterricht in der achten Klasse, fand nicht gemeinsam statt. Wir wollten als Kinder nichts von denen, wozu auch? Der alte Katzenberger sagte immer zu uns: „Die Weiwer un die Gaaße, koammer nix Haaße!"

Willmann nimmt den Faden wieder auf

Das erste Teilstück der Straße, von der Einmündung B3 bis zum Drehplatz, war geteert. Zu jeder Jahreszeit auch ein geeignetes Spielgelände. Im Sommer Rollschuhlaufen, bis zum Umfallen. Die Dinger mit Metallrädchen musste man noch anschnallen. Sie erzeugten ordentlichen Lärm. Geriet beim Fahren ein Rad in die ovale Öffnung des Kanaldeckels, fiel man fürchterlich auf die Schnauze. Während des Sommers, lief ich nur mit aufgeschundenen Knien herum.

Bei dem wenigen Autoverkehr konnten wir auch stundenlang mit dem Fahrrad auf der Straße herumkurven. Oder mit den Leiterwägelchen hinunterfahren, die Deichsel mit den Füßen gesteuert, von oben bis zum Drehplatz. Irgendwann kamen

Roller mit Ballonreifen auf, die durften wir bei Tante Babette für 20 Pfennig die Stunde ausleihen. Wir avancierten zu wahren Meistern im Rollerfahren.

Der Dreher Kraft fertigte wunderbare kleine Kreisel an, wir nannten sie Tänzler. Mit einer kleinen Peitsche angetrieben, drehten sie sich auf der Straße. Auch dabei spielte man nie alleine.

Im Winter, wenn Schnee lag, diente die Straße selbstverständlich als Rodelbahn. Abends nach der Arbeit, gesellten sich sogar die Erwachsenen dazu. Mitunter zogen sie eine ellenlange Schleife. Leider streute häufig in der Dunkelheit ein Spielverderber Asche auf die Rutschbahn.

So um das Erntedankfest tauchten Lumpensammler auf. Sie kamen mit einem alten Laster aus Bürstadt oder Lampertheim. In ihrem breiten Singsang riefen sie: „Lumbee, alt Eisee, Babieer. „Wenn wir sie dann nachäfften, schrien sie: „Hea Mennel, glei klebbats oder auch, Mennel, bleib sauwa, sunsch muss ich disch rumbumbee", was uns noch mehr zum Lachen brachte.

Für Abwechslung sorgten auch die Scherenschleifer. Sie rollten mit ihren Fahrrädern aus Mannheim herüber. Neben den Amis bockten sie das Gefährt auf. Auf dem Sattel sitzend, traten sie in die Pedale. Vor dem Lenker drehte sich der Schleifstein. Mit einer unglaublichen Geschicklichkeit schliffen sie Messer, Beile und Scheren. War ein Teil fertig, hielten sie es gegen das Licht. Ein gut oder sehr gut kam ihnen nie über die Lippen. „Komma losse", lautete ihre höchste Bewertung. Die Werkzeugschneiden schnitten so scharf wie Rasierklingen.

Und dann stattete uns noch aus dem Odenwald der Bauer mit der goldenen Schelle seinen Besuch ab. Ein Kleinlaster mit Plane, hielt vor der blauen Au. Auf der Ladefläche Körbe mit Heidelbeeren, dazu eine weiße Krups-Balkenwaage mit silbern glänzender Schüssel und schwarzen Gewichten. Die Handglocke ertönte. „Heidelbeern, Heidelbeern, ein Pfund fünf Mark." Auch für den hatten wir einen Spruch parat: „Heidelbeern, Heidelbeern, wenn se net so deier wehrn, det se moi Modder kaafe."

„Macht, dass ihr fortkommt ihr Rotzlöffel", schimpfte er dann.

Zu den schönsten Momenten gehörte der alte Fromm, der Ritzerts Christel und der Bäcker Seel. Herr Fromm, der Besitzer der Tubenfabrik gegenüber dem Bahnhof, kam häufig den Herdweg mit seinem Fahrrad hoch. Dann versammelten wir Kinder uns am Straßenrand und grüßten ihn höflich mit einem Diener. Unsere Eltern verlangten, dass wir vornehme Leute so begrüßten. Er hielt immer an, packte eine große Metalldose aus seiner Tasche hervor. Darin befanden sich wunderbare Frucht- Bonbons, von denen jeder sich eines aussuchen durfte. Die ließen wir ganz langsam auf der

Zunge zergehen. Je nach der Farbe des Gutsjens war die Zunge eingefärbt, die wir uns danach gegenseitig heraus streckten.

An heißen Tagen erwarteten alle sehnsüchtig den Ritzerts Christel. Der besaß eine Eisdiele im Ort.

Heraus in den Herdweg fuhr er aber mit seinem Motorrad. Vor dem Lenker fünf Behälter, gefüllt mit dem leckersten Eis, das man sich vorstellen konnte. Sobald das Geknatter seines Gefährtes zu vernehmen war, rannten wir nach Hause, um uns Zwanzig Pfennig für zwei Bällchen Eis zu erbetteln. Der Geschmack von seinem Erdbeereis geht mir heute noch über die Lippen.

Samstags gegen Abend, die „Gass" sauber gekehrt, wegen der Leute. Damit keiner etwas sagen konnte. Der Hauseingang von Mutter blitzblank geputzt. Es klingelte. Draußen stand ein kleines freundliches Männlein. Spindeldürr, mit polierter Glatze, im Gesicht fast so weiß wie der Mehlstaub, der ihm noch an den Kleidern haftete. Die dunklen Augen tief in den Höhlen. Auf dem Rücken die Kötze aus Peddigrohr, mit frischem Brot und Salzstangen, die es nur an diesem Tag auf Bestellung gab. Das Fahrrad lehnte an unserem Gartenzaun. Mit dem war er unterwegs, um seine treuen Kunden zu beliefern. Mutter kaufte Brot und Salzstangen. Die Geschmacksnerven vibrierten, das Wasser lief im Munde zusammen. Frisches Brot vom Seele-Bäcker, dick Butter darauf, Kinderherz was begehrtest du mehr?

„Ich muss noch rüber zu der Kätha", verabschiedete er sich, „die wartet schon sehnsüchtig auf ihre Wochenendration."

Im Spätsommer lief auch die Dreschmaschine. Sie stand in der Dreschhalle, wenn man vom Drehplatz nach rechts abbog, kurz vorm Teilhacker, der Fensterladenfabrik. Dann parkten die beladenen Erntewagen manchmal von der Halle hintereinander, bis zur Au. Geduldig warteten die Bauern, bis sie an die Reihe kamen. Da gab es immer etwas zu erleben, zu beobachten, zu erfahren, zu helfen. Langeweile, gewiss ein Fremdwort.

Heute würde es heißen: „Der Herdweg ist ein wahrer Abenteuerspielplatz."

Schulbeginn

Meine starken Erinnerungen beginnen damit, dass mich Frau Kurt fragte: „Kommst du an Ostern auch in die Schule?" „Wieso Schule, davon weiß ich überhaupt nichts." Als ich erfuhr, dass viele meiner besten Freunde an Osten 1953 zur Schule kamen, ließ ich meinen Eltern keine Ruhe. Ich war erst fünf, im Juni hatte ich meinen sechsten Geburtstag. Vater und Mutter wollten mich noch ein Jahr in ihrer Obhut behalten. Doch ich ließ mich nicht abwimmeln, bohrte so lange, bis meine Mutter einwilligte und ein Vorstellungsgespräch in der Schlossbergschule vereinbarte.

In meinem Sonntagsstaat, frisch gewaschen, gekämmt, mit geradem Scheitel und sauberen Fingernägeln, begleitete ich meine Mutter zu Fuß zur Schule. Sie führte mich an der Hand, damit ich keine Dummheiten machen konnte.

Als wir vom Herdweg Richtung Krone liefen, kam uns von weitem ein dicker Polizist in seiner neuen grünen Uniform entgegen. „Da kommt der Moldinger, der deinen Vater damals erschießen lassen wollte", raunte meine Mutter. „Und mich hat er angezeigt, weil ich beim Fliegeralarm nicht rechtzeitig die Verdunkelung am Fenster heruntergelassen habe." Schnell zog sie mich auf die andere Straßenseite, damit wir ihm nicht begegnen mussten.

Wie das mit dem Moldinger war, ist mir gut in Erinnerung geblieben, davon hat Vater einige Male erzählt.

Unterbrechung

„Entschuldige Willmann, dass ich dich unterbreche, dort oben befindet sich die Bushaltestelle, von der wir zurückfahren müssen. Wir kommen sonst zu spät zu Abendessen." „In Ordnung", willigte er ein, „das mit meinem Vater, ist eine längere Geschichte, die muss ich dir ein anderes Mal erzählen." Wir liefen zur Bushaltestelle. Gerade zum rechten Augenblick. Bevor wir richtig auf den Plan geschaut hatten, sahen wir ihn auch schon von weitem kommen. In Gedanken versunken saß Willmann neben mir im Bus. Auch ich musste über seine Geschichte nachdenken, so dass kein Gespräch in Gang kam.

Nach dem Essen verabredeten wir uns auf das kommende Wochenende. Wir wollten uns Fahrräder ausleihen und einmal den See umrunden. „Mit meiner Fitness ist es nicht zum Besten bestellt, gab ich zu bedenken." Aber Willmann winkte nur ab. „Dann machen wir eben Pausen, der Tag ist lang."

Samstag, 12. Mai 2012

Er hatte unsere Tour in Etappen eingeteilt. Wir nahmen uns Zeit, legten häufig Rast ein, weil mir der Hintern wehtat. Willmann ließ mich dabei die Geschichte von seinem Vater und dem Moldinger nacherleben.

Willmanns Vater erzählt:

Anfang der dreißiger Jahre bin ich in der SAJ (Sozialistische Arbeiter Jugend) und bei den Freien Turnern aktiv. Ich leite auch den Musikzug der Turner als Stabführer. Die Übungsstunden halten wir in unserem Hinterhof in der Weidgasse ab. Mein Vater besitzt ein Elektro-Geschäft, mit angeschlossenem Fahrradladen. Zudem ist er politisch engagiert. Er steht dem Auerbacher SPD-Ortsverein vor. Kaum sind die ersten Braunhemden unterwegs, regt sich mein innerer Widerstand. Sobald ich diesen Typen begegne, die von Anfang an dabei sind, wird mir regelrecht schlecht.

Mein Vater warnt sofort: „Nur die allerdümmsten Kälber, wählen ihren Metzger selber." Oder ganz einfach: „Hitler bedeutet Krieg."

Von den geplanten Umzügen und Aufmärschen der NSDAP in Auerbach erfahre ich immer frühzeitig.

Postwendend setze ich eine Übungsstunde für den Musikzug der Freien Turner in unserem Hof in der Weidgasse an. Sobald die Nazilieder am Rathaus oder auf dem Schulhof zu hören sind, schallen unsere mit

Pfeifen und Trommeln gespielten Märsche über den Ortskern.

Anfänglich ist mein Verhalten noch relativ ungefährlich, die Braunhemden drohen mir lediglich Schläge an.

1933 wird schlagartig alles anders. Hitler ist an der Macht. Urplötzlich habe ich keine Mitstreiter mehr. Alle Freunde sind eingeschüchtert. Einzig mein Bruder Heinz bleibt mir als Verbündeter.

Einer der ersten, der die Hakenkreuzfahne aus dem Fenster hängt und die SA-Uniform trägt, ist der Moldinger. Misstrauisch verfolgt er meine Bewegungen in Auerbach und zieht Erkundigungen über mich ein, wie mir zugesteckt wird. Zuträger gibt es leider genug. Mein Vater meint nur: „Junge merke dir: Der größte Feind im ganzen Land, das ist und bleibt der Denunziant."

Er besteht darauf, dass mein Bruder und ich alle Broschüren, Wimpel, Fahnen, Abzeichen und Bilder, die uns belasten können, verschwinden lassen. Wir sehen die Gefahr und sind einverstanden.

Mein Onkel besitzt am Melibokus ein Steinbruchgelände. Dort haben wir als Kinder tagelang gespielt. Wir kennen uns aus, wie in der eigenen Hosentasche.

Die Utensilien, die gefährlich werden können, verstauen Heinz und ich in zwei Rucksäcken und Taschen.

Eines Nachts, noch vor Morgengrauen, machen wir uns auf den Weg. In der Dunkelheit rennen wir die Weinbergstraße hoch, am Kriegerdenkmal vorbei, in den schützenden Schlosswald. „Jetzt sind wir zuerst einmal in Sicherheit", stelle ich erleichtert fest. Heinz murmelt zustimmend, „ich glaube, es hat uns niemand bemerkt." Über Waldwege schleichen wir mit Rucksäcken und Taschen Richtung Not Gottes Kapelle. Etwas unterhalb liegt der Steinbruch. Wir kennen einen verborgenen Stollen. Sein Eingang liegt hinter Efeuranken im dichten Gestrüpp verborgen. Hier wollen wir die Sachen vernichten. Die Papiere zündet Heinz an, die Gefahr außer Acht lassend, dass der Brandgeruch uns verraten könnte. „So früh ist niemand unterwegs", meint er, um mich zu beruhigen. Während wir den Flammen zusehen, spüre ich tief in mir Widerstand aufkeimen. Alles darf nicht vernichtet werden.

Ich bringe es nicht übers Herz die drei roten Wimpel mit der Aufschrift in goldenen Lettern: SAJ Auerbach, auf der einen und Freundschaft, auf der anderen Seite, zu beseitigen.

Glücklicherweise haben wir genügend Ölpapier dabei, um sie einzupacken. Kurzentschlossen wickele ich die Wimpel ein. Ich kenne noch einige Probebohrungen für Sprengladungen im Gestein. Obwohl Heinz heftig protestiert, lasse ich mich nicht davon abbringen. Ich schiebe die zusammengerollten, gut verpackten Wimpel in das Bohrloch, verschließe es mit Erde und Moos. „Die kann nur ich wiederfinden", verspreche ich Heinz. „Vater erzählen wir von alledem nichts", meint er.

Leider spielt mir das Schicksal in den Jahren 1933 bis 1935, übel mit. Während meiner Ausbildung zum Elektriker bin ich Kettenraucher geworden. Den Abschluss schaffe ich mit Bravour. Doch es gibt kaum Arbeit. Ein Sozialdemokrat, wie mein Vater einer war, wird natürlich in jeder Hinsicht gemieden.

So bleibt mir nichts anderes übrig, als in der Wachsfabrik unten am Bahnhof, irgendeine Beschäftigung anzunehmen. Die Arbeit ist knochenhart. Dazu bin ich gezwungen, den ganzen Tag schädliche heiße Paraffindämpfe einzuatmen. Zusammen mit dem Nikotin, ein schädlicher Cocktail.

Eines Tages kippe ich während der Arbeit um. Magendurchbruch. Sie schaffen mich sofort nach Bensheim ins Heilig Geist Krankenhaus. Bei der sofortigen Operation, springe ich dem Tod noch einmal von der Schippe. Die Hälfte meines Magens ist weg. Riesige Narben verlaufen über meinen Bauch. Von da an trage ich beim Schwimmen stets einen Badeanzug.

Nach Monaten der Regeneration, kann ich mich ins Leben zurück wagen.

Es hat sich viel verändert. Der deutsche Gruß heißt nun: Heil Hitler! Überall wehen Hakenkreuzfahnen. Uniformen zeigen mir, wer das Sagen hat. Mein Leben wird durch die Gesetze der Braunen eingegrenzt. Einige Freunde von früher sind bereits verschwunden. Keiner weiß, wo sie geblieben sind.

Hinter vorgehaltener Hand wird von Arbeitslagern gemunkelt.

Mit fortschreitender Gesundung wächst in mir der Drang nach Widerstand. Die Risikobereitschaft wächst. Einen Vertrauten habe ich noch, meinen jüngeren Bruder Heinz.

In diesen Tagen begegnet mir der frisch gekürte Sturmbannführer Moldinger. Stolz wie ein Pfalzgraf, präsentiert er sich in seiner neuen Uniform.

Mit dabei, zwei SA-Männer. Gerade will ich in der Bachgasse die Straßenseite wechseln, als er mich herbeizitiert. Er befiehlt mir, mit dem Hitlergruß vor ihm stramm zu stehen. Seine Schergen stehen grinsend dabei. Sie klopfen sich mit ihren Holzknüppeln auf die flache Hand.

Was blieb mir anderes übrig, in meinem immer noch gesundheitlich angeschlagenen Zustand?

Diese Erniedrigung kann ich nicht vergessen. Auf dem Heimweg fallen mir die Wimpel ein.

Wir schreiben das Jahr 1938.

Ich erfahre, dass die SA am 1. Mai einen hoch dekorierten Partei-Bonzen erwartet. Dieser soll mit großem Tam-Tam, am Bahnhof empfangen werden. Sofort habe ich eine Idee. Heinz musste noch überzeugt werden. Alleine konnte ich es nicht schaffen. Ich will in der Nacht auf das Bahnhofsdach klettern und einen roten Wimpel an der Wetterfahne befestigen.

Am Abend des 30.April, ziehe ich mit einem Rucksack auf dem Rücken los. Das ist ziemlich unauffällig, weil in der Nacht zum 1. Mai, viele Wandergruppen unterwegs sind. Die Polizeistunde ist aufgehoben.

Gaststätten bleiben geöffnet. Allerlei Schabernack ist angesagt. Ich nehme einen großen Umweg in Kauf. Wandere die Bergstraße entlang Richtung Zwingenberg. Glücklicherweise kann ich mich anderen Wande-

rern anschließen. Auf dem Zwingenberger Marktplatz herrscht ein reges Treiben.

Die Burschenschaften veranstalten ihr Jahrestreffen. Alte Corps, im Hochgefühl ihres Lebens. Die „Narbengesichter" nehmen keine Kenntnis von mir. Ohne Schmiss gehörst du nicht dazu. Mir kommt es gerade recht.

Durch die dunklen Seitengassen verschwinde ich den Berg hinauf in Richtung Melibokus. Kurz nach Einbruch der Dunkelheit, bin ich im finsteren Wald verschwunden. Ich kenne jeden Weg und Steg auch im Zwielicht. Mein scheinbar angeborener Orientierungssinn lässt mich nicht im Stich. Der Steinbruch liegt in südlicher Richtung. Unten von der Straße höre ich Musik und Gesänge. Das hilft mir zusätzlich, mich zu orientieren. In dieser Nacht kommt es nicht darauf an, Geräusche zu vermeiden

Endlich erreiche ich mein Ziel. Eine Viertelstunde warte ich, an einen Baum gelehnt. Keine verdächtigen Geräusche. Vorsichtig bewege ich mich auf einem Fußpfad zum Versteck des Wimpels.

Ich ertaste das Moos, kratze die feuchte Erde aus dem Bohrloch, spüre das Ölpapier.

Den Wimpel verstaue ich in meinem Rucksack.

Um 1:00 Uhr bin ich mit Heinz am Kriegerdenkmal verabredet. Auch dieser Platz ist relativ unverdächtig in dieser Nacht. Am verabredeten Ort, fasst mich eine Hand am Ärmel. „Endlich kommst du, wir müssen sehr vorsichtig sein, da vorne steht eine Wache", flüstert

Heinz. Ich muss erst den Schreck verdauen, den er mir eingejagt hat. „Dann müssen wir hinten herum schleichen", sage ich ganz leise. Langsam, betont vorsichtig, bewegen wir uns bis zur Burgstraße. Hier sind zu unserem Glück immer noch Menschen unterwegs. Die Straße hinunter, über die Reichsstraße 3, hinein in den Brückweg, das wäre geschafft. Zum Glück gibt es keine Straßenbeleuchtung. Unentdeckt gelangen wir zum Bahndamm. Die Dunkelheit schluckt uns, wir folgen dem Gleiskörper. Aus Vorsicht wechsele ich auf die andere Seite. Heinz folgt mir geräuschlos. Auf dem nahe gelegenen Feldweg, der parallel zur Bahnstrecke verläuft, bewegen wir uns in südliche Richtung. Geduckt folgen wir dem Weg, bis die Güterhalle schemenhaft vor uns erscheint. Wir überqueren erneut die Gleise und drücken uns an die Wand der Halle. „Bleib hier stehen und achte auf jeden Laut", fordere ich meinen Bruder flüsternd auf. „Sei vorsichtig", nickt er. Ich bin ein sehr guter Kletterer. Den Wimpel unter mein Hemd geschoben, bewege ich mich in drei bis vier Sätzen zum Bahnhofsgebäude, das nur von einer Notbeleuchtung erhellt ist. In einer Ecke verläuft das Fallrohr der Dachrinne. Das Rohr nutze ich als Steighilfe. Ich halte mich fest, steige nach oben. An der Dachrinne ziehe ich mich auf das Schieferdach. Es hat keine starke Neigung. Auf dem abgeschrägten First komme ich gebückt hinauf zum Wetterhahn. Kaum habe ich den Wimpel ausgerollt und befestigt, höre ich Heinz den Warnpfiff flöten. Ein Motorengeräusch lässt mich erstarren. Lichtkegel kommen die Bahnhofstraße herunter.

Mein Herz pocht plötzlich wie wild. Ganz langsam lege ich mich auf das nachtschwarze Dach.

Das Auto hält vor dem Bahnhof. Am Lindenbaum auf dem Bahnhofsvorplatz ertönen Klopfgeräusche. Scheinbar werden noch Plakate für morgen angebracht. Minuten vergehen. Mein Hemd ist schweißnass. Der Motor springt wieder an. Die Lichtkegel verschwinden. Vorsichtig verlasse ich das Dach. Heinz empfängt mich, „jetzt aber bloß weg hier", raunt er mir zu. „Auf getrennten Wegen", bestimme ich. „In einer Stunde treffen wir uns zu Hause." Wir verlassen das Bahnhofsgelände in entgegengesetzten Richtungen. Zurück in der Weidgasse, beendet eine stumme Umarmung die risikoreiche Nacht.

Mein Vater erzählt uns zwei Tage später, er hätte gehört, dass beim Einfahren der Dampflock, der Lokomotivführer den Wimpel entdeckt habe. Die Blamage für den Auerbacher NSDAP-Ortsverein sei nicht zu verhindern gewesen. Der Bahnhofsvorsteher musste eigenhändig mit einer Leiter auf das Dach, den Wimpel entfernen. Um größeren Schaden zu verhindern, wird der Fall nicht öffentlich gemacht. Die regionale Presse berichtet wie damals üblich von einer Jubelveranstaltung.

Der Verfolgungswahn der Nazis richtet sich in erster Linie gegen Kommunisten und Juden. Wer nicht rechtzeitig aus Deutschland verschwindet, ist der Verfolgung ausgesetzt.

Die Nacht zum 11. November 1938, erlebe ich hautnah mit. Die SA-Gruppen fahren durch die Auerbacher

Straßen. Wo die jüdischen Familien wohnen, ist jedem bekannt. Aus der Weinbergstraße um die Ecke hören wir, wie Möbelstücke und Porzellan auf der Straße landen.

Der Blick aus unserem Zimmerfenster im ersten Stock, lässt Feuerschein erkennen. Die Synagoge in der Bachgasse brennt. Ohnmächtig bleiben wir in unserem Haus.

Wie ich einige Tage später erfahre, traten die Bensheimer und Auerbacher Nazis nach getaner „Arbeit" im Stadtgebiet, ihre Vernichtungsfahrt in den Odenwald an. Besonders in Reichelsheim sollen sie gewütet haben.

Diese sogenannte Reichskristallnacht hat sich tief in mein Inneres eingegraben.

Im Frühjahr 1939, plant die NSDAP einen Aufmarsch im Fürstenlager. Aus ganz Hessen sollen Gruppen aufmarschieren. Mein innerer Widerstand ist noch nicht gebrochen. Die Idee, einen der roten Wimpel auf dem Dach des Entenhäuschens im Schwanenteich anzubringen, lässt mich nicht mehr los. Dort mussten die Marschkolonnen vorbei. Heinz will ich nicht mit hinzuziehen, das muss ich alleine schaffen.

Zwei Tage vor dem Fest, sind die Straßen mit Birkenreisern und Fahnen geschmückt. Die SA patrolliert verstärkt. Ich besorge mir rechtzeitig den Wimpel aus dem Versteck im Steinbruch. Wieder nutze ich die Dunkelheit der Nacht. Zur Aufbewahrung hatte ich mir oberhalb vom Schwanenteich, im Lärchenwäldchen, ein Depot vorbereitet, direkt vor einem markanten Baumstumpf. Ich bin es mittlerweile gewohnt, mich schnell in der Dunkelheit zu bewegen, denn auch im Fürstenlager gibt es keine Straßenbeleuchtung.

Als Auerbach schläft, mache ich mich am Vorabend des Frühlingsfestes in stockdunkler Nacht auf den Weg. Ich nehme einen großen Umweg in Kauf. Über die Bachgasse, Ludwigstraße, die Wolfsschlucht hinauf, hinüber zum Friedhof, führt mich mein Weg. Oberhalb des Wäldchens bleibe ich erst einmal stehen. Ich ruhe mich aus, lausche in die Nacht. Ich habe alles im Griff. Geräuschlos bewege ich mich hinunter zum angepeilten Baum. Alles bleibt ruhig. Tastend erfühle ich den nadelbedeckten Boden und lege das Versteck frei. Den Wimpel in der einen Hand, verstreiche ich den Boden mit der anderen wieder glatt. Behutsam nähere ich mich dem Schwanenteich von der südlichen Seite. Bäume bieten mir Schutz. Glücklicher Weise hatten die Enten und Schwäne ihre Schlafplätze weiter oben gewählt. Hinter einer dicken Kastanie suche ich Schutz, lege meine Kleider ab. Ich falte den Wimpel so klein wie möglich, halte ihn in der linken Hand. Geräuschlos tauche ich in das eiskalte Wasser ein. Mit wenigen Stößen bin ich an der Plattform des Entenhauses. Das Holz ist dermaßen rutschig, dass es mir erst nach mehreren Versuchen gelingt, mich aus dem Wasser zu schwingen. In Windeseile befestige ich den Wimpel auf der zur Straße weisenden Seite. Die goldenen Lettern Freundschaft nach vorne. Ich schwimme so schnell es geht zurück. Hinter dem Baum ergreife ich meine Kleider, renne den Hang hinauf, bis zum steinernen Tisch. Dort kleide ich mich wieder an. Den Rückweg nehme ich über das Emmertal. Ich komme am Becker Seel vorbei, der hantiert schon in seiner Backstube. Es wird Zeit, dass ich die Weidgasse erreiche.

Was mit dem Wimpel passiert ist weiß ich nicht. Von dem Tag an bemerke ich aber, wie mich Moldingers Schatten verfolgt.

Im Herbst 1939 beginnt der Krieg. Mein Vater nickt nur dazu. Er hat seine Erfahrungen 1914 bis 1918 gesammelt. Durch meine schwere Operation bin ich UK gestellt. Allein dieser Sachverhalt, lässt die Nazis vor mir ausspucken.

Der einzige Ort in Auerbach wo ich mich noch halbwegs geschützt aufhalten kann, ist beim Schwarzen. Ein Gasthaus draußen im Herdweg. Hier kann ich ohne Nazigetue in Ruhe ein Bier trinken und am Tisch offene Gespräche führen. Dort lerne ich auch meine spätere Frau kennen. Betti, eine Tochter der Wirtsleute. Sie bedeutet mir von Anfang an alles. Mein Leben veränderte sich.

Letztlich aber nicht meine Risikobereitschaft. Es gärte in mir, wie in einem Weinfass. Da waren noch die Wimpel.

Plakate künden im Frühling 1940 einen militärischen Aufmarsch im Fürstenlager an. Die Siegmeldungen der Wehrmacht, versetzen die Auerbacher Parteifreunde in Euphorie. Soll ich es wieder riskieren, fragte ich mich insgeheim. Auf der Wiese gegenüber dem Herrenhaus steht ein Mammutbaum. Wenn an der Baumspitze ein roter Wimpel wehen würde? Ein paar Tage beschäftigte ich mich mit dieser Frage. Dann hatte ich den Entschluss gefasst.

Rechtzeitig vor dem Fest besorgte ich mir den Wimpel. In der Amselschlucht im Mühlbächel, finde ich ein gutes Versteck. Dann ist es soweit.

Nach Feierabend laufe ich hinaus in den Herdweg, noch ein Bier in der Blauen Au trinken. „Von denen die hier sitzen, verrät mich keiner", denke ich. Die sogenannten Herdwegser halten dicht. Lässt sich hier auch nur ein fremdes Gesicht sehen, wechseln sofort die Gesprächsthemen. Dann ist nur Klatsch und Tratsch zu hören oder es werden frivole Witze erzählt.

Die anwesenden Gäste wissen, dass ich wegen meiner Liebschaft vorbei schaue. Sie ist noch beschäftigt, hat an diesem Abend keine Zeit für mich. Es fällt daher nicht auf, als ich gegen 19:00 Uhr das Lokal verlasse. Ich begebe mich auf den Weg. Bis zur R3 begegnen mir noch Leute. Ab der Schönberger Straße nehme ich niemanden mehr wahr. Geschützt im Wald, unten in der Amselschlucht, entnehme ich den Wimpel dem Versteck. Die Waldwege bis zur Schönberger Höhe sind mir bekannt. Oben an der Bolze-Wiese will ich die Dunkelheit abwarten. Ich überlege noch, ob ich den Weg über die Apfelallee oder den steileren durch den eisernen Tempel nehmen soll? Als sich die Dunkelheit herabsenkt, bewege ich mich langsam hin zum Tempel. Hier habe ich auch ausreichend Schutz, wenn es brenzlig werden sollte. In gerader Linie blicke ich von oben auf den Mammutbaum.

Dahinter weiß schimmernd das Herrenhaus. Weit und breit kein Licht.

Ich kann zur Tat schreiten. So schnell es geht, husche ich durch die Büsche, den Hang hinunter.

Hinter dem Baum muss ich tief durchatmen. Die Äste reichen zum Glück bis fast zum Boden.

Zur Spitze sind es gut vierzig Meter. Ein hartes Stück Arbeit wartet auf mich. Ast für Ast klettere ich noch oben. Sie werden immer dünner, doch sie tragen mich. Außer Atem erreiche ich den Wipfel. Ich kann gerade so die Baumspitze fassen und den Wimpel befestigen. Er flattert sofort im Wind.

Hinunter geht es doppelt so schnell. Wird das gut gehen? Gedankenblitze schießen mir durch den Kopf. Jetzt gibt es kein Zurück mehr.

Um wieder nach Hause zu kommen, wähle ich den Weg über den Schlossberg, vorbei am Kellerhäuschen, hinunter in die Weidgasse. Kurz vor Morgengrauen habe ich es geschafft.

Am nächsten Tag steht Sturmbannführer Moldinger plötzlich in unserem Hof. Ich helfe gerade meiner Mutter, die Ziegen zu versorgen. Er baut sich vor mir auf: „Willmann, du stirbst heute noch!" Er verlässt wort- und grußlos den Hof. Mein Vater bekommt durch das offene Fenster alles mit.

Hastig kommt er aus der Tür. „Lauf sofort zum Bahnhof, nimm den nächsten Zug nach Darmstadt und melde dich freiwillig bei der Wehrmacht." Mir bleibt nichts Anderes übrig.

Schon wenige Tage später sitze ich im Zug Richtung Frankreich.

Die freien Turner

Widerstand

Schwanenteich im Frieden

Schwanenteich nach 1933

Kommentar

„Mensch Willmann", meinte ich, „da hatte dein Vater aber Glück." Dafür wäre er doch locker im KZ gelandet." „Ja, das ist richtig, aber nach dem Krieg, was hat er da unternommen? Er hat nie offen darüber gesprochen. Die Typen, die Dreck am Stecken hatten, wurden nie zur Verantwortung gezogen", antwortete Willmann. „Ihre Seilschaften blieben in neuen Uniformen erhalten. Der alte Katzenberger sagte immer: „Die Tröge bleiben die gleichen, nur die Schweine ändern sich!" Mein Vater stellte sich sogar pro Forma als Vereinsvorsitzender für den neu zu gründenden Sportverein zur Verfügung, weil alle anderen als ehemalige Parteimitglieder, vorbelastet waren. Wenigstens achtete die amerikanische Verwaltung einige Zeit darauf", meinte Willmann. „Mit der Entnazifizierung ging das wohl nicht so schnell. Wenigstens hat mein Vater einen roten Wimpel retten können. Den halte ich heute noch in Ehren."

„Und wie ging es dann mit dem Moldinger weiter, als du mit deiner Mutter zur Schule unterwegs warst?"

Schuleinstieg

Als der Moldinger in seiner neuen grünen Uniform auf gleicher Höhe mit uns war, konnte ich nicht mehr an mich halten. Ich schrie hinüber: „Drecksack!" Kaum war das Wort über meine Lippen gekommen, setzte es von meiner Mutter eine gewaltige Ohrfeige. Ich verstand die Welt nicht mehr.

Wie konnte sie mir so etwas antun? Wortlos legten wir den Rest des Weges zur Schlossbergschule zurück.

Lehrerin Frau Baudens, ließ sich von meiner Mutter die Hintergründe ihres Anliegens erläutern.

Dann wurde ich befragt. Ein helles Kerlchen war ich damals schon. Keine Frage bereitete mir Kopfzerbrechen. Nach einer Stunde durften wir gehen. Es war geschafft. Ab Ostern 1953 war ich Abc-Schütze. Allerdings erst einmal für sechs Wochen zur Probe.

Nun gehörte ich dazu. Anerkannt, auch von den Großen. Ein kleiner Schulbub.

Die Volksschule ging damals bis zur 8. Klasse. Eine andere Schulform war in meinem Umfeld nicht denkbar. Hätte auch viel zu viel Geld gekostet. Nach der Schulzeit fing die Lehre an. Dann gehörte man zu den Erwachsenen.

Kurze Pause

„Also Willmann, was du da berichtest, das sind für mich Böhmische- Dörfer, ich bin jedenfalls ganz anders groß geworden. Meine Eltern hatten nie Geldsorgen. Für sie war es selbstverständlich, dass ich das Gymnasium besuchte. Ich bin im Gegensatz zu dir, in einer Stadt groß geworden.

Mich würde einmal interessieren, wie die Menschen in deinem Umfeld miteinander zu recht gekommen sind?" „Um dir das zu erzählen reicht wohl heute die Zeit nicht mehr", meinte Willmann.

„Schau, wir haben es fast geschafft, da vorne sieht man schon die Schiffe in den Hafen von Prien einlaufen. Wir können uns ja heute Abend bei einem Glas Wein treffen, wenn du möchtest. Bis 22:00 Uhr haben wir Ausgang." „Gut, einverstanden, da bin ich dabei", sagte ich.

Feindbilder

In einem gemütlichen Weinlokal um die Ecke erzählte Willmann weiter:

Es gab Feindbilder, die waren Gemeingut. Erwachsene wie Kinder beäugten sie gleicher Maßen misstrauisch. Vor allem Vornehme, jene, die hochdeutsch sprachen. Pfarrer, Lehrer, Polizisten, der Feldschütz, Beamte und die Bewohner der umliegenden Ortschaften. Wir fühlten uns im Auerbacher Dialekt zu Hause. Wer unsere Sprache nicht beherrschte, gehörte nicht dazu. Mein Vater sagte häufig: „Wir sind Herdwegs-Deutsche."

An den Baubeginn der katholischen Kirche ganz in unserer Nähe, kann ich mich noch gut erinnern.

Auf einmal besetzten Bauarbeiter unser Spielgelände. Ausgerechnet eine katholische Kirche. Noch dazu, dass die Pläne auf der übergroßen Schautafel, der traditionellen Form einer Kirche überhaupt nicht entsprachen.

Als alles fertig war, zog Pfarrer Schupp mit seiner Haushälterin in das neue Pfarrhaus ein. Die Erste, die aufmuckte, war die Hachlers-Lene. Lene hatte im rückwärtigen Teil ihres Gartens bisher freie Fahrt in die Felder. Dieses Gewohnheitsrecht ließ der Pfarrer nun mit einer Einfriedigungsmauer schlicht beseitigen.

Lene reagierte prompt. Wenn die Kreuzköpfe in ihrem Sonntagsstaat zum Gottesdienst marschierten, mussten sie an der Längsseite von Hachlers Hof vorbei. Dann hingen da schön nebeneinander aufgereiht, ihre Liebestöter in rosa, blau und weiß. Als Sahnehäubchen wehten an Fronleichnam zur Prozession, die geflickten Unterhosen und Blaumänner der Söhne Horst und Kurt noch daneben.

Der Schupp sprang im Dreieck. Danach stand der gesamte Kirchenvorstand bei Lene auf der Matte. Warum sie daraufhin aufgegeben hat, wissen die Götter. Vielleicht hatte sie einen Ablassbrief bekommen.

Mit dem Einfriedigungszaun rund um das gesamte Gelände, erregte die Kirche auch den Zorn von uns Kindern. Unser bisheriger Bolzplatz verlor an Attraktivität. Trotzdem spielten wir weiter. Oft landete der Ball im Vorgarten des Pfarrhauses. Ein Sprung über den Zaun, das Spiel ging weiter. Nicht nur, dass wir seinen Zaun ignorierten, nein, auch unser Geschrei, welches den verdienten Mittagsschlaf störte, rief den Pastor auf den Plan. Er belehrte uns anfänglich. Weder seine, noch die Ermahnungen der Haushälterin, beeindruckten uns. Wir spielten einfach weiter. Bis es eines Tages dem Schupp wohl doch zu viel wurde und er meinen neuen Fußball konfiszierte. Was war zu tun? Mein Vater war gerade im Garten mit Umgraben beschäftigt. Und da ich seine Einstellung Pfarrern gegenüber sehr gut kannte, lief ich schnurstracks zu ihm hin. Ich beschwerte mich lauthals: „Der Schupp hat mir meinen Fußball weggenommen." Mein Vater schaute kurz auf, „ich komme." So wie er war, im Blaumann, mit Gummistiefeln an den Füßen, den Spaten in der Hand, trabte er an. Er klingelte beim Pfarrer.

Die Tür wurde vom Schupp geöffnet. „Geben sie sofort den Ball heraus, Herr Pfarrer!" Der Schupp war so verdutzt, dass er hinter sich griff und ihm den Fußball überreichte. Mein Vater ließ es sich nicht nehmen noch hinterher zu schieben, „Herr Pfarrer, in der Bibel steht geschrieben: Lasset die Kindlein zu mir kommen und wehret ihnen nicht." Er drehte sich um, warf uns den Ball zu und stiefelte nach Hause. In diesem Moment bewunderten alle meinen Vater.

Wir rieben uns vor Freude die Hände. Das Gekicke konnte weiter gehen. Leider begann kurz danach der Bau der Schillerschule. Dieses Gelände haben sie dann auch noch eingezäunt. Nun mussten wir uns endgültig einen neuen Bolzplatz suchen. Aber wir sollten noch einmal Genugtuung bekommen.

Pfarrer Schupp hatte wohl seinen Führerschein erworben, damit er seine weit verstreuten Schäfchen besser betreuen konnte. Einen schwarzen VW-Käfer nannte er zudem sein Eigentum.

Wir waren auf dem Heimweg vom Konsum, als der Pfarrer aus dem Herdweg in die neu benannte Weserstraße einbog. Kurz hinter dem Garten meiner Großmutter, verlor er die Gewalt über sein Fahrzeug. Er schoss in den Zaun der Schillerschule. Das Holz zersplitterte, der Schupp kurvte über den Rasen und ein Stück weiter hinten, durchbrach er erneut den Zaun. Endlich blieb der VW auf der Straße stehen. Wir kugelten uns vor Lachen. Als dann auch noch der Hausmeister Pickert von der Schillerschule, wild gestikulierend hoch gerannt kam und den Pfarrer zur Schnecke machte, war der Tag gerettet. So ein Schauspiel erlebten wir Kinder nicht alle Tage.

Mit Polizisten, den Grünen, hatte niemand gerne zu tun. Sobald wir auch nur aus der Ferne ein grünes Wägelchen sichteten, verschwanden alle von der Bildfläche. Dafür bekam deren Handlanger, der Feldschütz, sein Fett weg. Das hatte sogar

Tradition, wie wir von Oma wussten, die ab und zu von früher erzählte.

Eine Geschichte ging so: *„Einmal wollten Auerbacher Frauen im sogenannten Niemandsland, unten zwischen Bensheim und Auerbach, Futter holen. Mit Sicheln hatten sie Gras und Kräuter gemäht und zum leichteren Transport in alte Betttücher gepackt. Kaum erspähten dies die Bensheimer Feldschützen, rannten sie den Frauen hinterher, nahmen ihnen das Futter samt Sicheln und Rechen weg. Einer jungen Frau rissen sie als Pfand das Kopftuch herunter. Aufgeschreckt durch das Geschrei, liefen die Männer und Burschen von den benachbarten Auerbacher Feldern hinzu. Sie verdroschen die Bensheimer Schützen, jagten sie davon, nahmen ihnen alles wieder ab und drangen sogar auf Bensheimer Gebiet vor. Dort hausten sie, wie man es von den Großen bei ihren Feldzügen berichtete."*

Was man von früher erzählte, konnte heute nicht falsch sein, so dachten wir.

Die Feldgemarkung unterhalb der Bahnlinie war unser Reich. Einziger Störenfried, der Feldschütz Rettich. Immer im grünen Anzug, auf dem Dienstfahrrad unterwegs. Schreibzeug und Block in der Tasche, damit er jeden Verdächtigen sogleich aufschreiben konnte. Unser Nachteil: Er erkannte seine „Pappenheimer" am Gesicht. Der Schütz wusste, wo jeder Einzelne hingehörte. „Du gehörst doch der Erna", sagte er einmal zu Leo, als er nicht mehr schnell genug entwischen konnte.

Von da an legten wir auf unsere Schnelligkeit großen Wert.

Reife Beeren und Früchte zogen uns wie magisch an. Nie alleine, immer in der Gruppe, lautete ein ungeschriebenes Gesetz. Zum Wache stehen, zum Ernten, zum Helfen, zum Teilen. Immer nach dem Motto: Mit gegangen, mit gehangen.

Während der Erntezeit hatten wir an der Dreschhalle einige Seile mitgehen lassen. Was sollten wir aber damit anfangen? Heinz hatte eine Idee. „Wenn der Rettich wieder einmal im Feld seinen Mittagsschlaf macht, könnten wir mit den Seilen sein Fahrrad auf einem Baum festbinden." „Wie willst du das denn schaffen?", wandte Wilfried ein. „Das geht eben nur, wenn mehrere zusammen helfen", bemerkte ich. „Wir müssen einen genauen Plan entwerfen", meinte Pit, schon ganz in Gedanken. „Der sitzt doch auch manchmal in der Au am Stammtisch, bevor er ins Feld fährt, da hat er meistens schon Dampf", sagte Leo. „In Ordnung, dann werde ich mit Tante Kätha sprechen, die kann den Schütz auch nicht leiden. Vielleicht schenkt sie ihm einen Halben umsonst ein, dann hat der richtig Schlagseite", tat ich mich hervor.

Diesen Plan arbeiteten wir gemeinsam aus. Onkel Paul, dem der Schütz auch auf den Geist ging, weihten wir in unser Vorhaben ein. Er versprach, wenn sich die Gelegenheit bot, dem Rettich einen einzuwickeln, bevor der ins Feld fuhr. Mein Onkel sagte sowieso über den Schütz, „der ist so hell, wie ein Päckchen Ruß."

Wir lungerten wieder einmal am Drehplatz herum, als das Karlchen mit dem Finger nach oben zeigte, mit Finger Richtung Hauptstraße zeigte und raunte: „Da oben kommt der Hilfs-Sheriff auf seinem Drahtesel." Wir legten uns auf die Lauer. Tatsächlich stellte er sein Gefährt an der Au ab. Ich sah Onkel Paul in seinem Garten arbeiten. Schnell rannte ich hin, um ihm unsere Beobachtung mitzuteilen. „Ich wollte sowieso gerade Feierabend machen und einen Halben trinken gehen", meinte er. Wir harrten der Dinge, die da kommen. Endlich war es so weit. Der Schütz bestieg sein Fahrrad. Aus sicherer Deckung konnten wir sehen, wie er in Schlangenlinien den Herdweg hinunter, am Eisenbahnloch vorbei, über den Bahnübergang in die Felder fuhr. Danach bog der Feld- und Wiesenhüter in den Weg zum alten Ziegelwerk ein. In der Nähe der Tongruben fand er ein kleines Wiesenstück, das für seinen Schlafplatz geeignet schien. Das Fahrrad stellte er am Birnbaum in der Nähe ab. Etwas weiter weg lag der Rettich im Gras und ließ den lieben Gott einen guten Mann sein. Diese Situation fanden wir vor, nachdem wir uns angeschlichen hatten, wie die Indianer auf dem Kriegspfad.

Da ich der Kleinste und Schnellste war, sollte ich den Drahtesel vom Baum ein Stück wegschieben. Das Weitere wollten die Größeren übernehmen. „Mach schon, los jetzt", hörte ich eine Stimme neben mir. „Du brauchst keine Angst haben, der schläft jetzt seinen Rausch aus", meldet sich eine weitere Stimme aus dem Gras. Ich sprang auf, flitzte zum Baum. Doch das Fahrrad war zu groß für mich.

Es würde bestimmt Geräusche verursachen. Leo kapierte das und eilte mir zu Hilfe. Er fasste den Lenker, ich schob hinten am Gepäckträger. Nach ein paar Metern hatten wir es geschafft. Die Stärkeren nahmen uns das Gefährt ab. Im Laufschritt ging es an den nahe gelegenen Winkelbach, wo in regelmäßigen Abständen Apfelbäume standen. Wir suchten uns einen Großen aus. Schnell die Seile am Fahrrad verknoten. Drei Buben oben, der Rest unten. Wir hievten das Ding auf den Baum.

In Windeseile war von uns nichts mehr zu sehen.

Der Schütz muss dann wohl, nachdem er seinen Rausch verpennt hatte, zur Blauen Au gelaufen sein, um den Diebstahl zu melden. Das Dienstfahrrad wurde ein paar Tage später vom Bauern Kraus heruntergenommen, der in der Nähe den Acker umpflügte. Mit seiner Bauernschläue konnte er sich die Geschichte wohl zusammenreimen, nach dem er das grüne Fahrrad in den Händen hielt. Die ganze Begebenheit wurde natürlich beim Weitererzählen ausgeschmückt und war Ortsgespräch. Dass dies alles dann auch noch in der Kerb-Rede aufgewärmt wurde, machte uns schon etwas stolz.

Vor den Lehrern hatten wir grundsätzlich Respekt. Die fackelten nicht lange. Entweder sauste ein Zeigestock auf uns hernieder oder eine schnelle Hand zeichnete ihre Finger rot auf die Wange. Auch das Tafellineal konnte die Fingerkuppen ganz schön drangsalieren.

Die ersten zwei Schuljahre in der Schlossbergschule waren erträglich. Meine Lehrerein Frau Baudens, konnte gut mit Kindern umgehen. In Klasse drei und vier bekamen wir den Bäcker. Der schlug schon kräftig zu. Manchmal fragte er: „Na, hast du heute schon genickt?" Wenn man mit „nein" antwortete oder ihn verständnislos anschaute, schlug er mit der flachen Hand auf den Hinterkopf, dass der Kopf nach vorne flog. „Siehst du mein Guter, jetzt hast du genickt", meinte er dann furztrocken. Als ich einmal etwas nicht kapierte, sagte er zu mir: „Du wohnst doch da draußen bei den Amis. Die kannst du fragen, ob sie dich mit nach Chicago nehmen." „Was soll ich denn in Chicago?", fragte ich erstaunt. „Die Amis veranstalten dort immer Durchblicker-Lehrgänge, du Schlaumeier." Und dann wieherte er wie ein alter Ackergaul. Nachdem die Schillerschule eingeweiht war, mussten wir nicht mehr so weit laufen. Dafür bekamen wir Bensheimer in die Klasse. So nach und nach, bauten wir die gängigen Vorurteile ab, in erster Linie, weil gute Fußballer und Kumpels unter ihnen waren.

Die neue Klasse übernahm der Lehrer Schwebel. Er war Spätheimkehrer. Einer der Letzten, die aus russischer Gefangenschaft entlassen wurden. Ich war sogar dabei, als er mit dem Spielmannszug der Feuerwehr am Bahnhof empfangen wurde. Aber die Erwachsenen hatten uns nicht über sein menschliches Schicksal aufgeklärt. Bei dem Schwebel lagen die Nerven von Anfang an blank. Wir nutzten das schamlos aus. Besonders in der Singstunde, wenn er sich auf sein Geigenspiel konzentrierte.

Einer sang absichtlich immer falsch. Nach jeder Unterbrechung färbte sich die rote Farbe seines Kopfes einen Ton tiefer. Letztendlich schrie er dann aus Verzweiflung über unsere Katzenmusik und brach die Stunde ab. Zum Höhepunkt kam es, als er wieder einmal mit hochrotem Kopf neu ansetzte bei: Wenn die bunten Fahnen wehen. Zu allem Unglück, riss doch tatsächlich eine Geigen-Saite und flog ihm um die Ohren. Da fing er erst recht an zu toben, stieß dabei mit den Kniekehlen den Lehrerstuhl nach hinten und fuchtelte wild in der Luft herum. Kaum hatte er sich etwas beruhigt, wollte er sich setzen. Doch der Stuhl stand nicht mehr an seinem Platz. Lehrer Schwebel landete auf dem Boden. Wir tobten. Wie ein Blitz verschwand er aus dem Klassenzimmer. Wenig später kam der Direktor und beschäftigte uns mit Stillarbeit. Unseren Lehrer sahen wir nie wieder.

Kurze Zeit später kam der Wilsberg, ein früherer Gefängnislehrer. Er zeigte uns wo der Hammer hängt. Ich war der erste, der seinen berühmt gewordenen Doppelschlag zu spüren bekam, denn ich hatte mich mitten im Unterricht nach hinten zu den Mädchen umgedreht. „Willmann, vor zum Pult", sagte er streng. Er brachte beide Hände blitzschnell nach oben, so schnell wie im Western die Cowboys ihre Colts.

Seine Pranken trafen rechts und links gleichzeitig, sofort brannten die Backen. Man musste sich zusammen reißen, um die Tränen zu unterdrücken.

Auf dem Rückweg nach einem Ausflug zum Schönberger Sportplatz, wo wir endlich auch einmal während der Schulzeit Fußball spielen konnten, ließen wir uns absichtlich etwas zurückfallen. Der Rest der Klasse war mit Wilsberg unseren Blicken enteilt. Wir kannten den Weg. Vor uns lag ein steiler sandiger Abhang, ähnlich dem Landabbruch an der Küste. Oben im Wald konnte man einen langen Anlauf nehmen, nach dem Absprung weit durch die Luft segeln und dann butterweich im Sand landen.

Wir waren fünf mutige Jungs, die sich zur Höchstleistung antrieben. Der Spielrausch hatte uns gepackt.

Urplötzlich stand unser Klassenlehrer mitten unter uns. Er ließ einen Schrei fahren. Wir mussten antreten.

Der erste Schlag traf mich voll auf die linke Backe. Dann kamen die anderen dran. Ich schmeckte Blut im Mund. Ein Zahn wackelte. Zerknirscht machten wir uns auf den Heimweg zur Schule.

Meine Zunge ließ die wunde Stelle im Mund nicht in Ruhe. Beim Abendessen war der Zahn draußen.

Ich musste beichten. Doch zu meiner Überraschung gab es kein Donnerwetter. Vater blieb ruhig. Gegen Mutproben, die den ganzen Kerl zeigten, hatte auch er nichts einzuwenden, noch nicht einmal währen der Schulzeit. „Nur die Harten kommen in den Garten", waren seine Worte.

Der Wilsberg musste auf seinem Nachhauseweg an unserem Grundstück vorbei. Vater passte ihn ab. Den Wortlaut des kurzen Gesprächs habe ich nicht mitbekommen, nur aus sicherer Deckung gesehen, wie der Herr Lehrer mit ernster Miene zuhörte und nickte. Er zog sogar beim Abschied vor meinem Vater den Hut.

Lenes Hof im Schnee

Bau der kath. Kirche

Urlaub

„Ihr hattet aber doch auch Urlaub oder etwa nicht", unterbrach ich Willmann scherzhaft. „Meine Eltern fuhren mit mir jedes Jahr in den Sommerferien an die Ostsee. Im Winter nach Oberstdorf, da wohnte mein Onkel. Wo sind denn deine Eltern mit dir hingefahren?"

Ferien im Odenwald

Na, was meinst du, meine Eltern hatten doch kein Geld für Urlaub. Urlaub, dieses Wort gab unser Sprachschatz nicht her. Meine alten Herrschaften kannten nur Arbeit. Urlaub war etwas für Faulenzer. Die Sommerferien verbrachten wir häufig mit unserer Mutter bei Verwandten auf dem Bauernhof in Scharbach im Odenwald. Für mich war das Abenteuer pur. Tiere versorgen, bei der Feldarbeit helfen, Traktor fahren. Den ganzen Tag in Aktion, was konnte schöner sein? Und das Beste war, es gab immer etwas zu essen. Tante Else, die Gutmütigkeit in Person, versorgte mich mit allem, was ein Kinderherz begehrte. Frisches Bauernbrot, Hausmacher Wurst und gekühlte Milch. Nur den sauren Apfelwein spuckte ich wieder aus.

Gerade während der Sommerferien gab es besonders viel zu tun. Meine Mutter arbeitete genauso wie eine Magd, dafür hatten wir kostenlos Essen und Logis.

Vater kam nur vierzehn Tage. Er reparierte Geräte, Werkzeuge und Maschinen. Für diese Arbeiten hatte Onkel Leonhardt weder Geld noch Zeit, noch das handwerkliche Geschick. Die hofeigene Dreschmaschine wäre ohne meinen Vater nicht gelaufen. So wurde mit dem Einfahren der Ähren immer gewartet, bis er zugegen war. Der Lanz-Bulldog trieb das Ungetüm über einen breiten Lederriemen an. Dieser Antrieb musste ständig überwacht werden. Häufig riss der Riemen an der Nahtstelle und Vater musste ihn wieder flicken. Alle Männer, die zur Verwandtschaft gehörten, halfen mit. Nach getaner Arbeit gab es dann ein Festessen.

Wir Kinder durften die Strohballen in der Scheune stapeln. So gelangten wir bis unter das Dach. Von oben ging es dann auf dem Hosenboden nach unten. Diese Zeit war so erlebnisreich, dass die Ferien wie im Flug vorbeigingen. Tante Else sagte am Ende der Ferien immer zu mir: „Du hast schöne dicke Backen bekommen." Dann war die Welt für sie in Ordnung.

Ferien auf dem Bauernhof

Erntehelfer

Der Lanz-Bulldog

Winzerfest

Nach den Sommerferien, in der ersten September-woche, fand regelmäßig das Bensheimer Winzer-fest statt. Für die älteren Herdwegser-Buben galt das Seifenkistenrennen als Höhepunkt. Wenn man sich frühzeitig zu dem Wettbewerb anmeldete, stellte der Autobauer Opel aus Rüsselsheim die Räder kostenlos zur Verfügung. Das klappte jedes Jahr, weil einige Väter bei Opel arbeiteten und die nötigen Verbindungen hatten. Sie standen auch mit Rat und Tat zur Seite. Die Seifenkiste, bei de-ren Bau ich leider nur Zuschauer sein durfte, evol-vierte zum Stolz der ganzen Straße. Unzählige Fo-tos wurden nach Beendigung der Bauphase ge-schossen. Auch ich durfte mich einmal hinter das Steuerrad setzen. Vater knipste mit seiner Leica.

Wer letztendlich fahren durfte, machten die Großen unter sich aus. Ich kann mich an den Wal-ter Waldmann, den großen Bruder der Zwillinge und an meinen Cousin Karlheinz erinnern.

Am Tag des Rennens standen natürlich alle in der Kirchbergstraße als Zuschauer am Straßen-rand. Gefährliche Stellen waren mit Strohballen abgesichert. Von einer Rampe aus wurde gestartet. Die Kisten fuhren mit einem Affenzahn die Renn-strecke hinunter. Manche Konstruktion ging auch zu Bruch. Am häufigsten verloren die Seifenkisten ein Rad, das bedeutete Ende der Vorstellung. Trä-nen flossen.

Allen in Erinnerung blieb das Jahr, als Karl-heinz Zweiter wurde. Die mit einem Siegerkranz geschmückte Seifenkiste zogen wir über die Wilhelmstraße zurück in den Herdweg.

Alt und Jung feierten danach in der Au. Natürlich ließ sich Tante Kätha nicht lumpen und gab tüchtig Einen aus.

Winzerfest

Die Seifenkiste

Schlittschuhlaufen

Im Winter für uns das Größte, wenn unten am Bahnübergang das Eisenbahnloch zugefroren war und wir Schlittschuh laufen konnten. In den Weihnachtsferien verging kein Tag, an dem wir nicht dort zu finden waren. Vor allen Dingen, weil jeder in fünf Minuten nach Hause rennen konnte, um sich aufzuwärmen oder schnell was zu essen. Unsere Lieblingsbeschäftigung, Eishockey spielen. Die Tore markierten wir mit dicken Steinen. Die Schläger selbstgefertigt aus Haselnussholz. Eine Glücksklee-Milchdose, einmal mit dem Schlittschuh draufgetreten, schon war der Puck fertig. Mannschaften gewählt, das Spiel konnte beginnen. Als Kind wäre ich gerne Eishockeyspieler geworden, ein Traum. Mein Vater hatte mir schon mit drei Jahren das Schlittschuhlaufen beigebracht, die Dinger selbst angefertigt. Damals wurden die Schlittschuhe noch unten an den Stiefeln befestigt, mit einem besonderen Schlüssel festgeschraubt. Leider rissen beim Spielen, wenn es hart zur Sache ging, häufig die Absätze ab. Dann gab es zu Hause Ärger, weil jeder nur ein Paar Winterstiefel besaß. Der Hamel-Schuster wusste dann schon Bescheid, wenn wir mit einem Stiefel ankamen. Für uns machte er einen Sonderpreis.

Im Winter 1958, war es über längere Zeit so bitter kalt, dass wir sogenannte Kohleferien bekamen.

Das Heizmaterial war knapp, die Schulen konnten nicht beheizt werden. Welch' eine Freude.

Auf dem Weg zum Schlittschulaufen

Schadenfreude

Andere zu hänseln, ärgern oder lächerlich zu machen, gehörte zum Zeitvertreib. Alt wie Jung taten sich da gleicher Maßen hervor. Wenn es „die Richtigen" traf, war keine Kritik zu erwarten. Wer irgendeinen Makel besaß, war den Spöttern ausgeliefert. Mit roter Spund oder Kupferdach, bezeichnet zu werden, mussten Rothaarige ertragen. Männer mit Glatze, hießen beispielsweise Stern. Wir Kinder riefen: „Glatzkopf, der Mond scheint." Behinderte duften wir noch eiskalt Krüppel nennen. Wenn der dicke Beilstein stock besoffen war grölte er: „Tanzpartie im Krüppelheim, jeder tanzt auf einem Bein und wer keine Beine hat, tanzt auf seinem Schulterblatt."

Wer in die Sonderschule oder Hilfsschule ging, der besuchte die Dummschule. Leute mit Dachschaden gehörten in die Anstalt. „Hepprum mach die Tore auf, der Detlef kimmt im Dauerlauf", ein oft gesagter Spruch. Den Bewohnern der umliegenden Ortschaften waren bereits passende Stempel aufgedrückt.

Lappärsche, nannten wir die Bensheimer. Einen Zugereisten oder Flüchtling fragten wir scheinheilig: „Was ist das Schönste an Bensheim?" Worauf der meistens „das Winzerfest" antwortete. Unsere Entgegnung lautete: „Nein, der Bus nach Auerbach." Heppenheimer Gille-Galle oder Lorscher Sandhas, war ebenso üblich, wie Zeller Roahinkel. Wobei die Heppenheimer noch den Makel der

Anstalt besaßen. Im Süden gelegen, die Irrenanstalt. „Ich habe von dir noch fünf Mark zu bekommen", sagte der alte Katzenberger einmal zu mir. „Wieso das denn?", meinte ich erstaunt, „davon weiß ich überhaupt nichts." „Ja, kannst du dich denn nicht mehr erinnern, wie ich dir in Heppenheim über die Mauer geholfen habe", schmunzelte da der Alte. Die Zwingenberger hießen Kern. „Gehste mit uff de Berg, Birn' lese, kriegst ach de Grotz", riefen wir ihnen nach (Grotzen=Kerngehäuse). „Hehner Gaße" (von Geiß / Hähnleiner Ziegen), beschimpften wir die Hähnleiner. Das Spottlied an der Auerbacher Kerb ging so:

> „Meck, meck, meck,
> meck, meck, meck,
> mache die Hehner Gaße,
> meck, meck, meck,
> meck, meck, meck,
> mache die Hehner Beck."

Beim traditionellen Frühschoppen montags in der Blauen Au, schmetterten die Kerbburschen dieses Lied aus vollem Halse.

Andere Qualitäten

„Willmann", meinte ich, „du kannst ja auch singen und das, obwohl du nur ein Glas Wein getrunken hast." Da musste Willmann lachen. „Was glaubst du, wie oft wir in unserer Kindheit gesungen haben. Mein Vater konnte sogar Ziehharmonika spielen. Bei jeder Gelegenheit wurde bei uns gesungen. „Wie spät ist es denn eigentlich?", fragte er abrupt. „Eine halbe Stunde haben wir noch", meinte ich. „Na, dann kann ich noch ein Viertel trinken und weiter berichten", freute sich Willmann.

Sündenböcke

Einer, dem wir ständig auflauerten, war die Zehnradmaschine (Zejeroadmaschin). Der war Kriegsinvalide, mit einer Metallplatte im Kopf, der konnte nur noch wirres Zeug reden. Dessen Schicksal spielte in unserem Gedankengut keine Rolle. Er war einfach nur Opfer.

Die Schildkappe tief ins Gesicht gezogen, den Spazierstock in der Hand, unternahm er täglich seinen Rundgang. Am Winkelbach, zwischen Weiherhausbrücke und Heldenfriedhofbrücke, lauerten wir ihm auf. „Zejeroadmaschin", riefen wir im Chor.

„Spitzbuwe, Spitzbuwe, doutschieße, doutschieße, alle doutschieße", schallte es zurück. Dabei fuchtelte er wie wild mit seinem Stock, der eine eiserne Spitze besaß, in der Luft herum. Die Mutprobe bestand darin, ihm so nahe wie möglich zu kommen. Wie ein Torero musste man dann seinem gefährlichen Stock ausweichen. Das böse Spiel dauerte immer so lange, bis ein Erwachsener auf der Bildfläche erschien. Dann löste sich unsere kleine Gruppe in Luft auf.

Ein weiterer beliebter Kandidat, war der Kramer Fritz. Auch nicht besonders helle im Kopf, für unseren Schabernack gut geeignet. Die Erwachsenen lachten mit.

Wenn der Fritz von seiner täglichen Feldarbeit kommend, den Herdweg hinauf fuhr, kam er nie an der Au vorbei. Seinen Pferdewagen stellte er im Wiesenweg (heute Beethovenstraße) ab. Am Stammtisch bei Tante Kätha, traf er auf eine illustre Gesellschaft, die mitunter lustige Sauf-und Spottlieder schmetterte. Da waren meistens auch alte Handwerksmeister dabei, wie der Zimmermeister Götz oder der Maurermeister Robel. Die spendierten dem Fritz den einen oder anderen Halben. Danach war er rundherum abgefüllt. Regelmäßig musste Fritz dann zu seinem Kutschbock geführt werden. Waren die Helfer verschwunden, drehten wir mit Hilfe der Kurbeln, die Bremsklötze des Wagens fest und versteckten seine Pferdepeitsche.

„Wenn du die schneeweißen Tauben singst, bekommst du deine Peitsche zurück und wir lösen die Bremsen", riefen wir. „Dein Pferd findet dann sowieso nach Hause in die Weidgasse."

Besoffen wie er war, sang Fritz lallend:

„Zwah schneeweiße Dauwe
  die flien doarch die Luft.
  Segt die oa zur annern,
  deu Arschloch steht uff."

Wir hielten uns die Bäuche vor Lachen. Bei der Wiederholung sangen alle mit.

Nachdem er die Peitsche in der Hand hielt, wurden die Bremsen gelöst. Ein Klaps auf den Pferdehintern, das Gefährt setzte sich in Bewegung. Der Gaul kannte den Weg, sein tägliches Ritual, bei dem damaligen Verkehrsaufkommen kein Problem. Eine Kinderhorde begleitete ihn. Mindestens noch ein bis zwei Mal, leierten wir die Bremsen fest, zwangen ihn zum Anhalten und das Spielchen begann von vorne. Ab der Bachgasse ließen wir ihn in Ruhe. Wir wussten, im Hof seines Anwesens wartete schon seine Frau, um ihn vom Bock zu bugsieren und ins Bett zu schaffen.

Wer sich auch vor uns in Acht nehmen musste waren die sogenannten Mama-Kindchen. Die Behüteten. Die nicht mit uns spielen durften. Die auf eine höhere Schule gingen.

Ausgenommen war Detlef, auch einer aus dem Herdweg, doch ein ausgesprochenes Hof-Kind.

Sprachen wir ihn an, stand sofort die Oma hinter ihm. Da ließen wir wieder von ihm ab. Ausgerechnet Detlefs Vater Bruno, tat sich als ausgezeichneter Drachenbauer hervor. Die Objekte, die er im Herbst an den Himmel zauberte, faszinierten uns. Aus seiner Baukunst machte er kein Geheimnis. Er leitete uns an, wie man mit einfachen Mitteln wie Leisten, Wurstkordel, Zeitungspapier und Pellkartoffel als Kleber, tolle Drachen bauen konnte. Schwalbe, Kastendrachen, Flugmaschine, Laterne und wie sie noch alle hießen. Für jede Windstärke hatte er ein Modell auf Lager. Platz um unsere Eigenkonstruktionen steigen zu lassen, war mehr als genug vorhanden.

Da aus besagten Gründen Detlef außen vor war, nahmen wir uns den Sohnert vor. Der war nur an der Hand seiner Mutter unterwegs. Den einmal alleine zu erwischen, das würde schwer werden, zumal er nicht mit uns in die Schillerschule ging. Ein einziges Mal war das Glück auf unserer Seite.

Fastnacht fiel ziemlich spät. Es war für die Jahreszeit richtig warm an der Bergstraße. Unser Lager hatten wir im Gestrüpp, direkt unterhalb der B3 aufgeschlagen. Eine Wildnis, ein Niemandsland, wie es sehr viele gab. Das Hüttchen war bereits fertig, der Marterpfahl errichtet, die Feuerstelle vorbereitet und eine Fallgrube in Arbeit. An jenem denkwürdigen Fastnacht-Dienstag, war wie immer oben an der B3, hinter einem der Lindenbäume, eine Wache postiert. Wir saßen um das Feuerchen herum und schnitzten Stöcke für die Grube. Rainer, der Wache hatte, schrie auf einmal zu uns anderen herunter: „Da hinten kommt der Sohnert, ganz alleine!" „Ist er es auch wirklich, kannst du ihn genau erkennen?" „Ja, sicher, kommt doch herauf und seht selber." „Der will bestimmt nach Bensheim", rief Wilfried. „Kommt, den schnappen wir uns." Wir bereiteten die Lassos vor, zogen unsere Halstücher bis unter die Augen hoch. Hinter Bäumen und Büschen versteckt, warteten wir auf den großen Moment. Der Typ hatte nichts bemerkt. Sechs gegen einen aus dem Hinterhalt. Null Chance für diesen feinen Pinkel. Nichtsahnend schlenderte der den Bürgersteig entlang.

Als er sich genau zwischen zwei Bäumen befand, zischten die Lassos durch die Luft. Wie erstarrt blieb er stehen. Wir umzingelten ihn mit Siegesgeheul. Ehe ein Erwachsener des Weges kam, hatten wir ihn in unser Lager bugsiert. Mit vereinten Kräften banden wir den zappelnden Kerl am Marterpfahl fest. Unser Gefangener fing an zu heulen und zetern, doch wir ließen ihn schmoren. Kurze Zeit später fing er an zu betteln: „Ich habe euch nichts getan, lasst mich los, ich sage es meiner Mama." Das war das Stichwort für unser Gelächter. Wie Recht wir mit unserer Meinung hatten. „Ich muss nach Bensheim, zu meiner Tante", wimmerte er weiter. Pit ließ sich hören: „Bevor du nicht Wege-Zoll abgeliefert hast, bleibst du unser Gefangener." „Ich kauf euch beim Bäcker Wilsch Stückchen, wenn ihr mich frei lasst", hörten wir den Gefangenen mit weinerlicher Stimme sagen. Wir hielten Kriegsrat. Das Angebot war sehr verlockend. Kurz entschlossen willigten wir ein. Süßigkeiten gab es nur zu Ostern und Weinachten. „Also gut, wir gehen auf deinen Vorschlag ein", vermittelte Pit.

„Drei von uns gehen mit dir. Wenn du aus dem Laden kommst, lieferst du die Sachen ab, ansonsten binden wir dich wieder fest." Gesagt, getan. Er übergab uns eine große Tüte mit Gebäck, Waffelbruch und Bon-Bons. Wir ließen ihn laufen.

Natürlich wurde alles brüderlich aufgeteilt, das war Ehrensache.

Fastnacht

Verschnaufpause

Willmann trank an seinem Glas und schüttelte den Kopf. „Du hast da etwas bei mir losgetreten, mir fällt immer mehr ein, was ich längst vergessen zu haben glaubte. Ich wache manchmal nachts auf und erinnere mich an Begebenheiten aus meiner frühen Kindheit. Ob ich mal mit dem Therapeuten darüber reden sollte?" „Wenn du mich fragst, kann ich dir nur dazu raten. Ich glaube, das ist ein ganz wichtiger Lebensabschnitt für dich, der aufgearbeitet werden sollte", entgegnete ich.

„So, jetzt müssen wir aber zahlen, sonst hat die Klinikpforte geschlossen und wir bekommen eine Abmahnung", schlug ich vor. „Das müssen wir wohl", erklärte sich Willmann einverstanden.

Vor unseren Zimmern wünschten wir uns eine gute Nacht. Ich schlug ihm für das kommende Wochenende wieder eine gemeinsame Unternehmung vor. „Was hältst du davon, wenn wir einmal nach München fahren?" fragte er. „Das ist eine prima Idee", verabschiedete ich mich.

Die Tage vergingen wie im Flug. Gestalttherapie, Tanztherapie, Hockergymnastik, Entspannungstherapie, Schmerztherapie, Gruppentherapie, Einzeltherapie. Ich war so eingespannt, dass ich mich richtig auf das freie Wochenende freute. Willmann bekam ich nur beim Frühstück und Abendessen zu Gesicht. Er hatte einen eigenen Stundenplan. Auch bei den Gruppensitzungen waren wir nie zusammen. Das lag wohl daran, dass er einem anderen Therapeuten zugeteilt war. Freitag nach dem Abendessen verabredeten wir uns. „Der Zug fährt morgen früh 09:10 Uhr", informierte er mich.

„Bist du noch dabei?" „Natürlich, Willmann, ich bin jetzt schon neugierig, was du noch alles zu erzählen weißt."

Wir waren pünktlich am Bahnhof. Willmann in Jeans und Lederjacke, wirkte jugendlich. Sein Gesicht strahlte Zufriedenheit aus. Der depressive Ausdruck, mit dem ich ihn kennen gelernt hatte, war verschwunden. „Du siehst gut aus, Willmann", bemerkte ich. „Ich fühle mich auch wesentlich besser, die Gespräche mit meinem Therapeuten und besonders mit dir, erwecken in mir neuen Lebensmut", hörte ich ihn sagen. „Dann kannst du mir auf der Fahrt nach München weiter berichten, ich höre dir gerne zu", forderte ich ihn auf.

Wir saßen kaum im Zug, als er zu sprechen begann.

Samstag, 19. Mai 2012

Der Heizer

Das frühere Kasernengelände der Deutschen Wehrmacht im Herdweg, war von amerikanischen Pionieren besetzt worden. Auf die Amis komme ich später noch zu sprechen. Die komplette Anlage wurde zentral, von einer großen Heizungsanlage erwärmt. Diese befand sich direkt vor der Kantine der Amis, am Bensheimer Weg. Ein ziemlich hoher aus sogenannten Backsteinen gemauerter Kamin, ragte zirka acht Meter in die Höhe. Manchmal lieferten riesige Armeelaster Koks an, der dann einige Tage vor der Anlage auf dem kleinen Platz lagerte, bis er restlos eine Rutsche hinunter im Heizungsraum verschwand.

Der Platz zwischen Straße und Kantine war von uns als neuer Bolzplatz auserkoren worden. Hier fühlten wir uns wohl, nachdem es beim Pfarrer Schupp keinen Spaß mehr machte. Kicken konnten wir immer, da hatte jeder Lust drauf. Auch wenn wir uns dabei öfters in die Haare gerieten, wegen Tor oder kein Tor, war der Streit schnell vergessen. Die amerikanischen Soldaten ließen uns in Ruhe. Manchmal schauten sie Zigarette rauchend, unserem „terrible Play" belustigt zu. Zum Spielverderber wurde der Heizer. Wann immer er zugegen war, versuchte er uns zu vertreiben. Doch das ließen wir uns nicht gefallen.

Der Katzenbergers-Karl kam einmal dazu, als die Stimmung hochkochte und wir im Clinch mit dem Heizer lagen, einem Flüchtling, der hier so oder so nichts zu melden hatte. Der Karl war schon um die zwanzig. „Des is' a en scheene Kerl", lästerten die Leute über ihn. Fragte man nach seinem Arbeitgeber, antwortete er trocken: „Firma Rast und Ruh, moiens gschlosse, middoags zu." Also der Karl sagte zu uns, „ich habe noch einen Kanonenschlag in meinem Zimmer, den hole ich jetzt. Wenn ihr den durch das gekippte Fenster in den Heizungsraum werft, habt ihr für immer Ruhe." Einige Minuten später kam er auf seinem Rennrad zurück, den roten Feuerwerkskörper in der Hand. „Da lacht die Koralle", entfuhr ihm sein Lieblingsspruch. Die Großen bestimmten, ich sei derjenige, der das Ding zu werfen habe. „Immer ich", beschwerte ich mich. „Du bist doch der Schnellste von uns", wurde ich gebauchpinselt. „Na gut", willigte ich ein. Bis auf Karl und mich hatten sich alle schon in Sicherheit gebracht. Er steckte die Zündschnur mit einem Streichholz an. Ich flitzte zum Fenster, warf das zischende Ding hinein, spurtete zurück über die Straße und legte mich beim Heges hinter den Lattenzaun. Kaum berührte ich die Erde, gab es einen fürchterlichen Knall, dessen Echo lange nachhallte.

Der Heizer hechtete kreidebleich die Treppe hoch, nach draußen. Eine Qualm-Wolke kroch hinter ihm her.

Aus der Kantine erschienen einige Soldaten, das Gewehr im Anschlag. Die MP raste im Jeep vom Kasernentor herbei. Alle redeten wild durcheinander. Wir blieben einige Zeit in unseren Verstecken liegen, bis die Luft wieder rein war. In unsere Richtung fiel jedenfalls kein Verdacht. Dass wir alle dicht hielten, war beschlossene Sache. Der Katzenbergers-Karl hatte sich längst auf seinem Fahrrad aus dem Staub gemacht. Erstaunlicher Weise ließ uns der Heizer von da an in Ruhe.

Vor der Heizung

Der Scholze-Bumbes

Wen wir noch auf dem Kieker hatten, war der Polizist Scholz. Einerseits nervte es uns, dass er jedes Gesicht kannte. Andererseits, weil er es fertig brachte, aus heiterem Himmel plötzlich am Tatort zu erscheinen. „Künstlerpech", kommentierte spöttisch Onkel Kurt, „habt ihr wieder einmal den Kürzeren gezogen", wenn er erfuhr, dass wir dem Scholz in die Fänge geraten waren. Darauf folgte einer seiner Umkehrsprüche. „Jungs, ich sage es euch immer wieder: ‚Was du nicht willst das man dir tu, das tu doch selbst, was willst du denn?'"

Was den Scholz anging, kam es noch schlimmer, er war ein Schulfreund meiner Mutter. Das bedeutete, höllisch aufpassen, nur nicht erwischen lassen.

Im Mühlbächel, in schönster Lage, besaß er ein Obstbaumgrundstück, welches uns mindestens zweimal im Jahr anzog. Dort reiften im Sommer blutrote dicke Kirschen, sogenannte Herzkirschen. Im Herbst wunderschöne Pfirsiche, einer wohlschmeckender als der andere. Da gingen wir doch gerne „englisch einkaufen." Der Polizist war wie damals üblich, mit dem Dienstfahrrad unterwegs. Wir hatten herausgefunden, dass er sein Rad, wenn er auf seinem Grundstück nach dem Rechten sah, unten am Brünnchen abstellte.

Damals spielten wir gerade in der Amselschlucht Räuber und Gendarm. Dieter Beckmann entdeckte ihn zuerst. „Der Scholze- Bumbes", so hieß er bei uns, „kommt das Mühlbächel hoch", rief er aufgeregt, „er ist schon vorne bei den Schmidts." Tatsächlich kam er das Tal hoch. Er musste an der Steigung absteigen und sein Fahrrad schieben. Schnell hatten wir einen Plan gefasst. Rainer, Wilfried und ich, sollten uns oben an seinen Kirschbäumen lauthals zu schaffen machen, damit er abgelenkt war. Die anderen, wollten dann sein Fahrrad bearbeiten.

Zu dritt keuchten wir den Steilhang hinauf. Oben angekommen, warteten wir auf das Zeichen aus dem gegenüber liegenden Wald. Ein Hemd wurde geschwenkt. Daraufhin unterhielten wir uns überlaut oben an den Bäumen. Das war natürlich durch den Echoeffekt weit und breit zu hören.

In Erwartung des Grünen, konnten wir aus sicherer Position sein Kommen beobachten. Er war ungefähr auf halber Höhe angekommen, als wir geräuschlos davon schlichen. Zum Rückzug wählten wir den Weg über das Emmertal, hinunter durch den Hochzeitsweg zur B3. Von da war es nicht mehr weit in den Herdweg. Am Drehplatz wollten wir uns alle wieder treffen.

Nach uns konnte der Scholze-Bumbes lange suchen, die Waldmänner und mich würde er auf keinen Fall finden.

Unsere Kumpels dagegen bearbeiteten das herrenlose Dienstross. Ventile herausschrauben, kein Problem.

Ringschlüssel aus der Satteltasche, schon war das Vorderrad demontiert. Das hing nachher bei den Schmidts am Gartenzaun. Im Laufschritt die Todesbahn hinunter, Schönbergerstraße weiter abwärts, gerettet. Im Herdweg , in Sicherheit. Wir waren wieder vereint. „Lasst uns Fußball spielen", schlug Wilfried vor. „Prima Idee", riefen alle. „Was habt ihr heute Mittag gemacht?", wollte mein Vater beim Abendbrot wissen. „Wie immer", gab ich Auskunft, „Fußball gespielt."

München I

Der Zug fuhr in den Münchner-Hauptbahnhof ein. Wir stiegen aus. Mit der Straßenbahn ging es über den Karlsplatz zum Marienplatz. Dort beendeten wir unsere Fahrt und liefen zum Viktualienmarkt. Dieses bunte Treiben wollten wir einmal genießen. Willmann schlug vor, auf den Alten Peter zu steigen, um den Blick auf die Stadt von oben zu genießen. Beim Aufstieg über die vielen Treppenstufen geriet ich außer Atem. Willmann schien das überhaupt nichts auszumachen. Ich rätselte, wo er diese Kondition her hatte, wagte aber nicht zu fragen. Oben angekommen, genossen wir bei Kaiserwetter den herrlichen Rundblick über die Stadt.

Beim Abstieg stauten sich an einem Treppenabsatz die Besucher. Von unten bewegte sich eine amerikanische Reisegruppe nach oben. Irgendwie wussten sie nicht weiter. Willmann erkannte das Problem. Er nahm dem Ersten das Billett aus der Hand, riss es ein und gab es ihm wieder zurück. So verfuhr er mit weiteren dreißig Personen. Der Stau löste sich auf. Ich konnte das Lachen gerade noch so bis zum Ausgang zurückhalten. Prustend sagte ich: „Willmann, an dir entdecke ich immer neue Seiten, wie bist du denn auf diese Idee gekommen?" „Ja", sagte er spitzbübisch", im Probleme lösen, war ich schon immer gut."

Nachdem wir einen gemütlichen Biergarten gefunden hatten, aßen wir zünftig bayerisch zu Mittag.

Willmann fing unaufgefordert an zu erzählen:

Organisationstalente

In den fünfziger Jahren wurden die Dinge, die man dringend benötigte, irgendwie organisiert.

Die Erwachsenen verfügten da über viel Fantasie und wir Kinder standen ihnen in nichts nach. Um Geld zu sparen, ließ Vater von Trümmer-Ruinen aus Darmstadt zwei Fuhren mit Backsteinen kommen. Die Amis hatten mit ihren Bombern die Stadt am 11. September 1944, in Schutt und Asche gelegt. Die Steine kosteten nur einen Apfel und ein Ei. Es machte aber jede Menge Arbeit, den verbliebenen Mörtel von den Steinen abzuklopfen, damit sie wieder vermauert werden konnten. Ich musste eine ganze lange Woche Steine bearbeiten, weil wir bei Frau Sonntag auf dem neuen Eternitdach der Garage eine Platte demolierten. Sie erkannte mich und verlangte von meinem Vater das Geld für die Erneuerung. Von meinen Kumpels, die für den Schaden mitverantwortlich zeichneten, erzählte ich nichts. Dafür halfen sie mir beim Steine-Klopfen. Die Zwischenwände in unserem Keller erinnerten mich später an diese harte Arbeit. Ich dachte nie darüber nach, wie mein Vater zu den großen Trommeln mit dem schwarzen Kabel gekommen war. Das hieß einfach Ami-Kabel. Punkt, fertig aus. Nachdem der Rohbau unseres Hauses fertiggestellt war, sah ich nur noch Reste herum liegen.

Auf dem Lagerplatz der Baufirma Luhr, wurde auch regelmäßig englisch eingekauft, wie wir zu dieser Art von Beschaffung zu sagen pflegten. Diese brauchbaren Teile waren schnell irgendwo eingearbeitet und konnten hinterher nicht mehr identifiziert werden.

Wie viele Eier aus der langgestreckten Hühnerfarm der Familie Breitwieser in Kuchen und sonstigen Speisen verschwanden vermag ich nicht zu sagen.

Sobald am Bahnhof etwas verladen wurde, schickten die Eltern uns mit dem kleinen Leiterwagen hin.

Alles was beim Verladen herunterfiel, luden wir auf. In erster Linie fanden wir Kartoffeln, gelbe Rüben, Zuckerrüben, Erdkohlrabi und Zwiebeln. Natürlich nahmen wir auch jede Menge Brennbares mit.

Die Kohlen für den Winter mussten wir allerdings bezahlen, da verstand der Baumann unten am Bahnhof keinen Spaß. „Wenn ihr bei mir Eierkohlen klaut, trete ich euch in den Arsch", warnte er uns schon, bevor wir auf die Idee kamen, ein Loch im Zaun zu nutzen. Mit dem Handwagen fuhren wir vor, zwei Zentner-Säcke passten darauf. Die schafften wir dann in unseren Kohlenkeller, bis der Bedarf für den Winter gedeckt war. Gusseiserne Öfen beheizten damals die Wohnräume. In der Küche befand sich der große Herd mit dem Wasserschiff. Neben den Wärmespendern stand der Füller mit dem Nachschub, der aus dem Keller nach oben transportiert werden musste.

Um an die Objekte unserer Begierde zu kommen, waren Schilder mit: Betreten Verboten - Eltern haften für ihre Kinder, kein Hinderungsgrund. Mauern, Zäune und andere Einfriedigungen, selbst Stacheldraht, konnte uns nicht aufhalten.

Für unsere diversen Hütten und Lager bedienten wir uns aus dem Depot vom Luhr. Sogar einen kleinen Ofen, ließen wir dort mitgehen, damit auch an kühleren Tagen der Aufenthalt gemütlich war.

Erste Kochversuche gelangen selbstverständlich auch.

Von den Feldern und Gärten die weit außerhalb der Wohngebiete lagen, besorgten wir uns Essbares, für das uns schlicht als Kauf-Ware das Geld fehlte. Wir gingen „englisch einkaufen."

Geld benötigten wir nur für neue Fußbälle. Nylonbälle waren der Clou. Wir sammelten Altmaterial und lieferten es mit dem Handwägelchen beim Eiselstein in Bensheim ab. Zahlte der nicht genug, klauten wir hinten herum Kupfer und Eisen, um ihm das Zeug am nächsten Tag vorne wieder zu verkaufen, damit der neue Ball besorgt werden konnte. Wenn die Pille beim Kicken irgendwo im Stacheldraht landete und die Luft verlor, ging das Spielchen von neuem los.

Am gefährlichsten war es zur Zeit der Weinlese, wenn die Wingerte gesperrt waren, an die schmackhaften Weintrauben heranzukommen. Das Karlchen nahm selten an unseren Streifzügen teil. Mangels Erfahrung erwischte ihn ein junger Winzer. Er bezog fürchterliche Prügel. Wer nicht schnell genug war, lebte gefährlich. Auf der harten Schule der Straße, war Schnelligkeit überlebenswichtig. Karlchen, der eigentlich Karl-Adolf hieß, war eben zu behütet. Ein Einzelkind noch dazu. Blieb er zu lange von daheim weg, stellte sich seine Mutter ans Hoftor, pfiff zuerst und rief dann: „Bübchen", dass es drei Kilometer gegen den

Wind zu hören war. Egal, was wir gerade spielten, er flitzte nach Hause.

Gelegenheiten an Geld zu kommen gab es nicht gerade viele. Neben dem Alteisensammeln, war eine legitime Möglichkeit, auf dem Tennisplatz Bälle lesen. Den weiß gekleideten Damen und Herren die verspielten Bälle aufheben und wieder zuwerfen. Das habe ich einmal probiert. Zu allem Unglück sah mich mein Vater. Er arbeitete bei Hallwachs und Morckel, mit Blick auf die Plätze. Nicht genug, dass es Leute gab, die am helllichten Tage Tennis spielen konnten, nein sein Sohn machte für diese Typen auch noch den Laufburschen. Dafür gab es den Hosenboden voll.

Ehrliche Arbeit war erlaubt. Bei den Bauern, als Erntehelfer, durften wir uns etwas verdienen. Beeren pflücken, Äpfel ernten, Stroh und Heu verladen, Stall ausmisten, es gab immer Arbeit. Meistens kontrollierten die Eltern den Verdienst, dann musste ein Teil gespart werden.

Ich glaube, den Kluge haben wir damals auch ausgenutzt. Der Kluge besaß gegenüber der Krone an der B3 ein Schreibwarengeschäft. Daneben verkaufte er Zeitschriften, Zigaretten und Heftchen. Hoch im Kurs standen Tarzan, Tom Mix, Prinz Eisenherz und Mickey Maus. Die Älteren warnten uns: „Der ist vom anderen Ufer, ein 175er, der hat doch am 17.5. Geburtstag. Mit Vornamen heißt er

Erich, vorne Er, hinten Ich." Den tieferen Sinn dieser Schmähungen kapierten wir überhaupt nicht. Der Brillo meinte: „Geschmacksache sagte der Affe und biss in die Seife."

Wir wussten nur, dass der Kluge gerne kleine Jungs in seinem Geschäft sah. Den ein oder anderen streichelte er dann auch an Kopf und Hinterteil. Dabei vernachlässigte er die genauere Aufsicht in seinem Laden. Wir betraten immer zu mehreren das Geschäft. Einige taten so, als ob sie nach Schulheften schauten. Andere wollten wissen, ob es neue Heftchen gab. Sobald er sich einem Buben näherte, ihn streichelte und meinte: „Gel, du bist auch mein Freund", war der Moment gekommen. Dann verschwand ein Heftchen unter dem Pulli.

Kluge schien das nicht tragisch zu nehmen. Anscheinend war die Bezahlung auf andere Weise ausreichend. Er hat sich nie über uns beschwert und wir uns nie über ihn.

Kurze Pause

Willmann sprach und nebenbei aß er sehr langsam. Danach bestellter er sich Kaffee. Ich habe selten jemanden getroffen, der zu jeder Tages- und Nachtzeit Kaffee schlürfte. Willmann konnte das.

Er goss sich etwas Milch in die Tasse und fing wieder an zu reden:

Die Amis

Wie schon erwähnt, hatten die Amerikaner die Kasernen bezogen. Für uns gehörten sie zum Alltag, ohne Vorbehalte. Viele Erwachsene sprachen nur abfällig von den Amis. Insbesondere mochten sie die Schwarzen nicht, die sie abfällig Bimbos oder auch Utschebebbes nannten. Dabei begegneten uns Kindern gerade die dunkelhäutigen Soldaten besonders freundlich. Und wir mochten sie auch.

Scheinbar wohnten kurz nach dem Kriege auch in Privat-Häusern im Herdweg, amerikanische Offiziere. Dort sollen die Amis angeblich übel gehaust haben. Man erzählte sich, sie hätten Messerwerfen auf wertvolle Möbelstücke veranstaltet. Den für den Eigenbedarf in den Kellern gelagerten Fasswein, müssen sie überall leergesoffen haben.

Vom Vernichtungskrieg der Wehrmacht in anderen Ländern oder Gräueltaten der Waffen SS, berichtete dagegen niemand.

Die amerikanischen Soldaten waren unsere Freunde. Die immer gut gelaunten Schwarzen, ließen uns sogar in ihrem Jeep mitfahren. Bereitwillig gaben sie uns auch Sprachunterricht, so konnten wir das Essbare, das sie uns bereitwillig schenkten, auch benennen. Wir fanden ganz schnell heraus, wie wir mit ihnen umgehen mussten, um Nahrungsergänzung zu organisieren.

Wenn sie oben an der B3 in den Herdweg ein-
bogen, standen wir winkend da. Auf der Fahrt
hinunter zum Drehplatz, wo wir wieder aussteigen
mussten, weil die MP den Bereich einsehen konnte, hieß es die Ware organisieren. Trockenmilch in
Tuben, Dosenbrot, Kaugummis und vor allem
Schokolade. An diesen Leckereien ließen wir sogar
unsere Eltern teilhaben. Mein Vater hatte nur wenige Einwände. Ich glaube, das lag an der Zeit die
er in amerikanischer Kriegsgefangenschaft ver-
bracht hatte. Von seinen Erlebnissen dort hat er nie
erzählt. Meine Mutter rührte die Reichtümer nicht
an. Vielleicht hatte sie Angst, ein Schwarzer hätte
sie vorher in den Händen gehalten.

Manche Mütter holten ihre Kinder sogar von
der Straße, sobald sie diese Soldaten sahen.

Blutige Ellenbogen und Knie waren bei uns
Kindern keine Seltenheit. Wer keine Hemmungen
hatte, ging zu den Sanitätern. Die waren froh, dass
sie etwas zu tun hatten. Sie versorgten jeden mit
Salben und Pflaster. Nicht nur, dass sie den neuen
Fußballplatz planiert hatten, nein sogar im Sommer, wenn es heiß und staubig war, kamen sie mit
ihrem Wasserwagen und besprenkelten den Platz.
So manche Straße, rund um das Kasernengelände
kam auch in den Genuss der Wasserdusche.

Was uns an den Amis am meisten beeindruckte,
war die qualmende Kippe im Mundwinkel. Sie
konnten dabei sprechen, ohne dass dieses Ding
herausfiel. Aus der Brusttasche der Soldaten lugte

die rote Packung Chester Field hervor. Ein Objekt unserer Begierde. Aber wir haben es nie geschafft, an Zigaretten ranzukommen. Da konnten wir machen, was wir wollten.

Einzig die Kippen, die vor der Kantine herumlagen, waren begehrte Sammlerobjekte.

Qualmnasen

Der Merze Otto, der schon beim Weißbinder Jährling in die Lehre ging, brachte uns auf die Idee, aus Holunderholz kleine Pfeifchen herzustellen. Die sollten wir dann mit dem Tabak aus den Kippen stopfen, die wir in der Gosse fanden. Dann könnten wir qualmen, wie die Großen. Das wollten wir natürlich ausprobieren.

Vom Holunderstrauch schnitten wir mit Hilfe unserer Taschenmesser und Hirschfänger entsprechend dicke Zweige ab. Das Mark konnte leicht herausgestoßen werden. Aus dem stärkeren Stück fertigte man den Pfeifenkopf, aus der schwächeren, das Zug-Rohr. Beides zusammengefügt, das Pfeifchen war fertig. In unseren Hosentaschen befanden sich neben dem Taschenmesser, auch immer genügend Streichhölzer.

Kaum ein Tag verging, an dem nicht ein Feuerchen brannte.

Feuermachen und rauchen, wir sagten „plotschen" dazu, war nur an Plätzen weit weg von den Wohnhäusern möglich. Entweder an den Tongruben oder irgendwo im Feld, wo man schnell in Deckung gehen konnte. Frische Luft ebenso wichtig, weil die Kleider noch lange nach Rauch rochen. Mir persönlich ging es nach dem Rauchen immer fürchterlich schlecht. Ich denke, manch anderer fühlte ähnlich. Zugegeben hat es natürlich keiner. Meiner Mutter fiel auf, dass ich abends kaum noch Hunger hatte und ganz blass um die Nase war. Am Rauchen hatte ich keinen Spaß und habe es deshalb ganz schnell wieder aufgegeben.

München II

„Da bist du wirklich bis heute eisern geblieben", unterbrach ich ihn. „Ja, ganz recht, ich bezeichne mich gerne als militanten Nichtraucher", grinste Willmann. „Ich habe mir schon einige Male den Mund verbrannt. Sogar gute Freunde fremdelten manchmal mit mir, wenn ich sie in die Schranken wies." „Das hast du aber schön gesagt", schmunzelte ich, „von dieser Seite muss ich dich wohl erst noch kennen lernen oder?" Willmann antwortete nicht, er sah mich nur vielsagend an. „Keine Antwort ist auch eine Antwort", schob ich hinterher. Doch er wich mir aus. „Wir sollten demnächst zahlen", meinte er stattdessen. „Zum Abendessen müssen wir zurück sein." Die Strecke zum Bahnhof legten wir zu Fuß zurück. Im Strom der Menschen kam kein Gespräch zustande. Wir ließen uns schweigend treiben. Glücklicher Weise fanden wir im Zug sofort Sitzplätze. Um ein Gespräch in Gang zu setzen, fragte ich Willmann, „was habt ihr denn sonst noch so alles getrieben in eurem Herdweg? Dir ist doch bestimmt noch einiges eingefallen."

Willmann dachte kurz nach, dann begann er:

Mutige Kerlchen

Mutproben gehörten zum Kinderalltag. Schenkten wir den Älteren Glauben, wirkten unsere Taten gemessen an den ihren, geradezu lächerlich.

Unten am Bahnübergang, am Eisenbahnloch, wo es in die Felder ging, stand ein Bahnwärter-häuschen. Dort überwachte immer einer von der Bahn das Geschehen. Natürlich mit Blickkontakt zum nahe gelegenen Stellwerk am Bahnhof. Der Wärter musste beide Schranken von Hand bedienen.

Achtete er auch auf die Gleise beim Hochkurbeln, konnte er die Schranke auf seiner Seite kaum einsehen.

Einfache Spielregel: Sobald der Bahnwärter hoch leierte, hängte sich einer mit beiden Händen unten an die Schranke. Wer sich am höchsten mit nach oben ziehen lassen konnte bevor er absprang, hatte gewonnen. Irgendwann bekam der Wärter unser Treiben mit. Er ließ einen Spiegel anbringen. Wir mussten uns etwas Neues einfallen lassen.

Ähnlich verfuhren wir, wenn ein Bauer mit der Egge über seinen Acker fuhr. Unbemerkt hechteten wir hinten an das Gerät, klammerten uns daran fest. Wer die längste Zeit mitgeschleift wurde, ging als Sieger vom Feld.

Unsere Mütter, die gleichermaßen organisieren konnten, wie die Väter, hatten jede Menge Fallschirmseide gehortet. Woher die kam? Wir hatten keinen blassen Schimmer.

Die Amis ließen vor der Kantine jede Menge Sand anfahren. Ein riesiger Haufen türmte sich auf. Wilfried kam auf die Idee: „Wenn wir uns Fallschirme bauen, könnten wir doch vom Dach herunter in den Sand fliegen." „Ich weiß, wo Fallschirmseide bei uns lagert", sagte Robert und rannte los. Kurze Zeit später brachte er einen ganzen Ballen mit. Auf einer Wiese legten wir den Stoff aus, banden sieben Seile in regelmäßigen Abständen daran fest, kürzten sie auf gleiche Länge. Die Seilenden verknoteten wir, damit die Hände richtigen Halt fanden. Jetzt durfte es losgehen.

Über das Heizungsgebäude kletterten wir bequem auf das Dach der Kantine. Natürlich nur dann, wenn kein GI in der Nähe war. Die Waldmänner und ich durften als Erste ran. Wir, die Kleinsten und Leichtesten. Auf dem Flachdach Anlauf nehmen, an der Kante abspringen, mit dem Fallschirm die fünf bis sechs Meter durch die Luft segeln und auf dem Sandhaufen landen. Glücksgefühl pur, zudem eine beeindruckende Mutprobe. Es gab mehr Zuschauer als Aktive.

Wir entwickelten auch hervorragende Grabungskünste. Unterirdischen Bauten, auf dem freien Eckgrundstück am Drehplatz keine Seltenheit. Manchmal beförderten wir einige Kriegsutensilien zu Tage. Von Stahlhelmen bis zu Waffenteilen war einiges dabei. Eine der wenigen Regeln, die wir beachteten: Sobald ein metallischer Klang zu hören war, musste ein Erwachsener gerufen werden. Bis zur Klärung war Baustopp.

Aus Angst vor den Amerikanern, verscharrten die Erwachsenen alle Waffen, die sich bei Kriegsende in Privatbesitz befanden, unter die Erde. Einige Male stießen wir auf Eierhandgranaten, von deren Gefährlichkeit wir keine Ahnung hatten.

Onkel Bert, der ein Linientreuer gewesen sein musste, wollte einmal bei Käthas Geburtstagsfeier in weinseligem Zustand von solchen Dingern erzählen. Doch Metha schnitt ihm das Wort ab. Sie ließ ihn nicht weiter erzählen. Der Zufall wollte es aber, als ich bei Tante Kätha im Lokal aushalf, dass ich es doch erfuhr. Ich spitzte die Ohren, als Bert und mehrere angetrunkene ehemalige Landser, freimütig am Stammtisch ihre Kriegsabenteuer austauschten.

Bert erzählte: „Wisst ihr, wie wir in Russland Fische gefangen haben? Das ging ganz einfach. Mit dem Kübelwagen sind wir nahe an einen Weiher herangefahren. Ich nahm eine Handgranate vom Gürtel, zog den Zünder und warf das Ding in den Teich. Aus Sicherheitsgründen legten wir uns kurz auf den Boden. Hatte sich der Rauch verzogen, brauchte die Beute nur noch abgefischt werden. Denen war die Luftblase geplatzt, versteht ihr. So einfach ging das." Schallendes Gelächter folgte dieser kleinen Anekdote. Danach sangen sie lauthals: Es braust unser Panzer im Sturmwind dahin.

Natürlich musste ich diese Geschichte meinen Freunden erzählen. Uns kam die Idee, in den Auerbacher Tongruben, wir nannten sie Lettkaut, ein ähnliches Experiment zu starten.

An eine Handgranate trauten wir uns nicht heran. Der Weißbinder Mühlum hatte uns aber erzählt, man könne eine Weinflasche zur Hälfte mit ungelöschtem Kalk füllen, obenauf bis zum Hals Wasser gießen und mit einem Korken fest verschließen. Nach einiger Zeit sollte das einen fürchterlichen Rumms geben und die Fetzen fliegen.

Flaschen und Korken lieferte der Hof von Großmutter. Ungelöschter Kalk war auf jeder Baustelle in der Wilhelmstraße zu finden. Dort wurden gerade große Mehrfamilienhäuser gebaut.

In einer Blechdose transportierten wir den Kalk zu den Teichen. Geschützt durch einen Schilfgürtel, konnte die Behelfsgranate gebaut werden. Zwei Flaschen wurden gefüllt. Die Korken mit einem Backstein in den Hals geklopft. Es begann sofort zu brodeln. Ein weiter Wurf, die Flaschen schwammen im Wasser. Wir wollten gerade enttäuscht von dannen ziehen, als es kurz hintereinander zwei Schläge tat. Wasserfontänen spritzten auf, Glassplitter flogen durch die Luft.

Anerkennend klopften wir uns auf die Schultern. Tote Fische schwammen nicht im Wasser.

Wir nahmen uns vor, so etwas öfter zu machen.

Aus Sicht unserer Väter, sollte ein richtiger Junge immer ein Messer und eine Schleuder dabei haben.

Die alten Herren lieferten bereitwillig Materialien zum Bau der Geräte.

Die Gabel schnitzten wir aus Haselnuss- oder Weißdornholz. Als Zuggummis dienten Streifen, die aus alten Motorradschläuchen geschnitten waren. Die Enden der Gummis befestigten wir mit dünnem Kupferdraht an den Gabelenden. Jetzt noch am anderen Ende das Lederteil befestigen, die Spatzenschleuder war fertig. Runde Kieselsteine oder Murmeln dienten als Munition. Vater lieferte manchmal auch Krampen, damit wir jagen konnten. Wir schossen auf alles Getier, das sich bewegte.

Das ganz große Schützenfest begann, als der Breitwieser seine Hühnerfarm aufgab. Wochenlang übten wir uns im Zielschießen auf die kleinen Glasfenster der Hühnerhäuser. Es war bekannt geworden, dass das Areal plattgemacht werden sollte, um Bauplätze zu schaffen. Von daher hinderte uns niemand an den Schussübungen.

Doch auch dieses Spiel verlor bald seinen Reiz. An Fantasie hat es uns nie gemangelt. Das Wort Langeweile kannten wir nicht.

Ab und zu durften wir sonntags ins Kino. Mittags, um 14:30 Uhr. Der Hit waren die Fuzzy-Filme. Wir waren begeistert. Vorher kam noch Fox-Tönende-Wochenschau. Sie zeigten einen Steppenbrand in Afrika. Große und kleine Tiere auf der Flucht. Gebannt verfolgten wir das Schauspiel.

Auf dem Rückweg vom Kino mussten wir an dem Gelände vorbei, wo heute der Kindergarten und die Kirche gebaut sind. Schönes gelbes trockenes halbhohes Gras.

„Kommt, wir spielen Steppenbrand", schlug Hannes vor. „Au ja, prima, da machen wir mit." Schon zischte das erste Streichholz ins dürre Gras. Flämmchen züngelten hoch. Weitere Zündhölzer folgten. Die kleinen Flammen vergrößerten sich, die Brandfläche wurde größer und größer, geriet außer Kontrolle. „Wir müssen löschen", rief ich. „Alles austreten!" Unser Feuer hatte bereits die halbe Wiese in Brand gesetzt. „Holt Wasser", ließ sich Heinz vernehmen. Wer am nächsten wohnte rannte los, kam kurz darauf mit einer Wasserflasche zurück. „Das nützt doch nichts", schrie Leo. Verzweifelt sahen wir, dass uns der Steppenbrand total außer Kontrolle geraten war. Fürs Abhauen war es auch schon zu spät. Den aufsteigenden Qualm konnte jeder sehen.

Da hörten wir von weitem die Feuerwehr kommen. Irgendein wachsames Auge muss wohl die Auerbacher Wehr gerufen haben. Schläuche ausgerollt. Wasser marsch! In wenigen Minuten sahen wir nur noch kleine graue Wölkchen zum Himmel steigen. „Euch gehört der Arsch versohlt", schrie uns der Wehrführer an. „Schert euch nach Hause, so schnell ihr könnt, ihr Blödmänner." Das brauchte er uns nicht zweimal zu sagen. Wie der Wind stoben wir auseinander.

Zu unserem Glück war die Wiese zukünftiges Baugelände. Und noch besser: Dieters Vater leitete den Musikzug der Freiwilligen Feuerwehr. Er konnte das Ganze so regeln, dass es kein Nachspiel gab.

Kopfschütteln

„Willmann, Willmann, was du so alles erlebt hast. Ich kann ja nur noch mit dem Kopf schütteln. Wahrscheinlich wären meine Eltern aus solch einer Gegend weggezogen, wenn sie mitbekommen hätten, dass ich mit Buben, wie ihr es ward, Kontakt gehabt hätte." Da musste Willmann laut lachen. „Zuerst hättest du unsere Sprache lernen müssen, mein Lieber, sonst wäre nichts gegangen." „Kannst du mir zum Beispiel sagen, was ein Hinkelslarersche, ist?" Oder, „übersetze doch bitte einmal, „Hinners Herschers Hennes Haus, henge hunnert Hemme raus." Sprich mir bitte nach: „Im Läwe lacht koan Schoggelgaul." Ich hob beide Hände. „Damit bin ich nun wirklich überfordert."

„Schau, der Chiemsee", bemerkte ich, um den sich anbahnenden Sprachkurs abzuwenden, „wir werden gleich da sein." „Ich habe so wie so für heute genug gefaselt", ließ sich Willmann vernehmen. „Demnächst in diesem Theater geht es weiter", meinte er scherzhaft.

Mir war aufgefallen, dass Willmann jedes Tier registrierte, dem wir begegneten. Kamen wir an Kühen oder Pferden vorbei, blieb er stehen und fütterte sie. Hunde und Katzen versuchte er anzulocken, um sie zu streicheln. Manche Vierbeiner liefen uns lange hinterher.

Beim Aussteigen fragte ich ihn: „Sag einmal, bei deiner Vorliebe für Tiere muss ich annehmen, ein Tierliebhaber wie du, hat bestimmt welche zu Hause, die er versorgen kann?" „Da liegst du falsch", antwortete er, „auf diesem Gebiet habe ich viel gut zu machen", und schüttelte den Kopf.

Samstag, 26. Mai 2012

Tiere in die Mangel nehmen

Die Worte Tierschutz und Artenschutz waren in den Fünfzigern noch Fremdwörter.

Die Sau im Stall meiner Großmutter durfte nie den Oktober überleben. Den Sommer über war sie mit Speiseresten aus der Gasthausküche gemästet worden. Zwischendurch versorgten wir Kinder sie zum Zeitvertreib auch manchmal mit Bier. Im Hof standen kistenweise leere Bierflaschen mit Bügelverschluss. Am Boden einer jeden Flasche verblieb noch ein kleiner Rest. Wir sammelten so lange Bier, bis wir den Schweinetrog damit füllen konnten. Das Schwein soff wie ein Loch. Schon nach kurzer Zeit war es beschwipst, torkelte durch den Stall, bis es Schlagseite bekam und unter dem Johlen von uns Nichtsnutzen umfiel.

Am Tag ihres Ablebens kam der Metzger auf den Hof. Zinkwannen waren bereitgestellt worden. Messer wurden gewetzt. Der Schlachter zog seine Gummischürze an. Die Sau spürte, dass ihr letztes Stündlein gekommen war. Sie quiekte herzzerreißend. Selbst der Hund Lux winselte mit. Drei Männer schleppten sie mit vereinten Kräften zur Schlachtbank. Kurzerhand wurde sie abgestochen. Das Blut floss in Strömen, sammelte sich in der Wanne. Das Zerlegen erfolgte in der Waschküche. Danach kochte die Metzelsuppe im Kessel. Blutwurst, Leberwurst und Schwartenmagen füllte der Metzger in Därme. Das Fleisch sollte an Auerbacher Kerb verzehrt werden. Rippchen mit Sauerkraut, eine Spezialität des Hauses. Die ganze Schlachterei geschah vor aller Augen. Nach getaner Arbeit durfte ich den Hof mit einem Schlauch abspritzen. Am Ende des Tages stand die Suppe mit Fettaugen auf dem Tisch. Dazu wurde Well-Fleisch mit Schwarzbrot serviert. Für die Erwachsenen durfte natürlich ein kühles Bier nicht fehlen.

Den Hühnern ging es nicht viel besser. Da wurde kurzer Prozess gemacht.

Kaum war eines eingefangen, lag es auch schon auf dem Hackklotz. Das Beil schwang durch die Luft. Auf dem Klotz lag der Kopf. Der Schlachter stellte, zum Schrecken von uns Kindern, das Huhn auf den Boden. Dieses Tier lief dann ohne Kopf ein kurzes Stück auf uns zu. Plötzlich kippte es um und lag blutend im Hof. Sobald es gerupft war, schenkte uns der Metzger die Füße. Die Sehnen schauten noch hinten heraus, so dass man sie anfassen konnte. Zog man daran, bewegten sich die Krallen. Die Hühnerfüße nahmen wir mit in die Schule, um die Mädchen zu erschrecken. Das gelang natürlich immer.

An Fastnacht hingen die Hühnerfüße am Gürtel, wenn wir als Indianer verkleidet waren.

Dieser gewohnheitsmäßige grobe Umgang der Erwachsenen mit Tieren, härtete auch die Kinder ab. Zumal es gängige Praxis war, junge Kätzchen nach der Geburt, einfach an die Wand zu werfen, um sie zu töten. Scheinbar der einfachste Weg, die Population zu begrenzen.

Wir fingen jedes Tier, das uns über den Weg lief. Mäuse und Maulwürfe schleuderten wir weit durch die Luft oder ließen sie in Wassertonnen erbärmlich ersaufen. Es waren ja alles nur Schädlinge. Am schlimmsten erging es den Fröschen, wenn wir sie in unsere Fänge bekamen. Die ganz Hartgesottenen steckten ihnen einen Strohhalm in den Hintern und fingen an zu blasen. Wer sich nicht sofort ekelte blies weiter…

Ähnlich wie bei Wilhelm Busch, fingen wir Katzen ein, banden ihnen eine leere Zementtüte um den Schwanz, zündeten die Tüte an und ließen die Katzen laufen. Die gingen ab wie ein geölter Blitz.

Wir sahen nur, dass Tiere geschlagen wurden. Kühe, Ochsen, Pferde, Hunde, Mitleid mit Tieren, wo gab es denn so etwas?

Ein einziges Mal zogen wir den Kürzeren. Rainer hatte auf dem Baugelände der Schillerschule ein Erdwespennest entdeckt. „Das räuchern wir aus", schlug er vor. „Da müssen wir uns aber gut schützen", meinte Wilfried. „In unserem Schuppen liegen noch Gasmasken, die hole ich", rief Leo und stürmte los. Wir anderen banden uns schon einmal abgelegte Zementtüten um Arme und Beine.

Inzwischen kam Leo mit den Gasmasken zurück. Die Dinger setzten wir auf den Kopf. Wir sahen aus, wie von einem anderen Stern. Nur wenige Stellen an unserem Körper blieben ungeschützt.

Leo verschloss mit einem langen Papierpfropfen das Flugloch der Wespen, zündete die Lunte an und lief so schnell er konnte davon. Wir anderen standen nahe dabei, um ganz genau beobachten zu können, wie die Erdwespen im Feuer verbrannten. Eine Stichflamme schoss empor. Dem Lichtbogen folgte der Wespenschwarm. Die Wespen fielen über uns her, dass es nicht mehr feierlich war. Sie stachen unbarmherzig in jede unbedeckte Hautstelle. Wir liefen wild um uns schlagend und schreiend weg vom Gefahrenherd. Ein kleiner Wespenschwarm flog um jeden herum. Meine Mutter und ihre Schwestern, die Waschtag hatten, hörten unser Geschrei und kamen angerannt. Geistesgegenwärtig schleppten sie uns zu der Sanitätsstation der Amerikaner, in den Herdweg. Die Sanis lachten sich zwar über unser Aussehen halbtot, aber sie waren unsere Rettung. Sie behandelten uns mit Spritzen gegen das Wespengift, versorgten die anschwellenden Körperteile. Wir konnten kaum noch aus den Augen schauen und hinter den Ohren zeigten sich dicke Beulen. Die Schwellungen verschwanden erst nach mehreren Tagen. Sogar unsere Väter zeigten ein wenig

Mitleid. Im Allgemeinen galt: Wer den Schaden hat, braucht für den Spott nicht zu sorgen.

Besondere Beziehung

„Kannst du jetzt verstehen, warum ich mich zu Tieren hingezogen fühle", fragte mich Willmann. „Ich habe da immens viel gut zu machen. In diesem Falle bin ich heil froh, wie man heutzutage im Großen und Ganzen mit Tieren umgeht."

Es gab Tage, da war Willmann besonders gut drauf. Sogar in Gesellschaft fing er dann an zu erzählen.

Er unterhielt mit Kneipengeschichten und schmunzelte, wenn er seine Tante Kätha ins Spiel bringen konnte.

Samstag, 02. Juni 2012

Tante Kätha

Den Todestag meiner Oma werde ich nie vergessen.

Sie saß hinten auf der Treppe zum Saal der Blauen Au, schälte Kartoffeln für die Küche. Ich kam mit Lux um die Hausecke gerannt. Lux schnappte nach seinem Ball. Oma rief meinen Namen. Als ich mich nach ihr umdrehte, sackte sie zur Seite, das Schälmesser noch in der Hand. So schnell ich konnte, rief ich Tante Kätha hinzu. Die wusste sofort was die Situation zu bedeuten hatte. Sie schickte mich zu Onkel Paul, der gegenüber wohnte. Der kam auch gleich, zusammen mit meinem Cousin Holger. Er und ich wurden beauftragt, alle Familienmitglieder in Auerbach zu informieren. Zu Fuß machten wir uns auf den Weg, um die traurige Nachricht zu überbringen, denn damals hatte kaum jemand ein Telefon.

Die Bestatter hatten Oma im Wohnzimmer aufgebahrt, damit sich jeder verabschieden konnte.

Nach ihrer Beerdigung übernahm meine Tante die Verantwortung über das Lokal. Von da an hieß es nur noch: „Wir gehen zur Kätha", wenn man sich in der Blauen Au verabreden wollte.

Mit der Zeit avancierte sie zum Familienoberhaupt meiner Großfamilie mütterlicherseits. Sie lenkte die Geschicke der Familie wie eine Patriarchin.

Tante Kätha war nie verheiratet. Aus diesem Grund lagen ihr die Geschwisterkinder sehr am Herzen. Neben der Weihnachtsbescherung, organisierte sie jedes Jahr eine Tagesfahrt mit dem Bus. Mittagessen, Kaffeetrinken, Besichtigungen, alles inbegriffen. Allein diese Unternehmungen machte sie schon liebenswert. Ich fühlte mich besonders zu ihr hingezogen. Sie fand immer ein gutes Wort für mich, hörte sich meine Kindersorgen an. Nicht selten bekam ich ein Stück Brot oder eine Wurst zugesteckt. Manchmal mein damaliges Lieblingsessen: Marmorkuchen und saure Gurke.

Unsere gemeinsame Liebe galt dem Fußball. Das Größte war, wenn sie mich sonntags zu einem Auswärtsspiel der Fußballer vom FC Auerbach mitnahm. Mannschaft und Zuschauer in einem großen Bus, ein Erlebnis. Auf dem Heimweg sangen alle die Lieder von Freddy Quinn. Bleibende Erinnerungen.

Neunzehnhundertvierundfünfzig, Fußballweltmeisterschaft. Fernsehgucken in der Au. Hinten im Saal wurde ein neuer Fernseher aufgestellt. Bei den Übertragungen der Spiele, alles noch in schwarz weiß, volles Haus. Onkel Hans, der immer an einer Tischecke saß, schon wegen seiner Korpulenz, schlug bei jedem Tor mit seiner rechten Pranke auf die Tischecke. Nach den Spielen konnte meine Tante den Tisch austauschen, weil die Ecke angeknackst war. „Wie soll ich das der Brauerei erklären", schimpfte sie dann jedes Mal.

Wenn meine Eltern nichts mitbekamen, durfte ich auch manchmal an der Theke mithelfen. Wein nachschenken oder den Stammtischbrüdern den Stumpen vorne abschneiden und anzünden. Sie rauchten dann um die Wette. Sieger war, wer den längsten Aschestrang halten konnte. Der Verlierer zahlte die nächste Runde. Tante Kätha ging beim Nachschenken sehr geschäftsfördernd vor. Sobald sie noch einen kleinen Rest im Glas eines Gastes entdeckte, nahm sie es vom Tisch und fragte: „Trinkst du noch einen?" Bevor der überhaupt antworten konnte, hatte sie schon nachgeschenkt. An der Wand hinter dem Stammtisch hing bezeichnender Weise in einem Glasrahmen der Spruch: ESST UND TRINKT SO LANGE ES EUCH SCHMECKT, DENN SCHON ZWEIMAL IST DAS GELD VERRECKT.

Vor Tanzveranstaltungen im Saal, verdiente ich mir etwas Taschengeld. Meine Tante gab mir Paraffintafeln von der Schweizer-Effax, einer Wachsfabrik unten am Bahnhof, die ich mit einem Messer in kleine Wachsschnipsel zerlegte. Leere Zigarrenkisten dienten zur Aufbewahrung. Legte die Kapelle eine Pause ein, schneiten meine Fitzelchen auf die Tanzfläche. Folgte dann ein Walzer, konnten sie die Paare besonders gut drehen.

Zu den Geburtstagen lud meine Tante die ganze Familie ein. Jeder konnte essen und trinken, so viel er wollte. Nebenbei spielte die Familienpolitik eine große Rolle. Bei so manchem Gläschen hat sie vornehmlich den Männern die Leviten gelesen.

Tante Kätha nippte schon zum Frühstück an einem Piffchen Auerbacher Rott. Sie konnte mit so manchem Winzer mithalten.

Ihre Brüder stemmten ein paar Halbe mehr. Als Regulativ oder Bremsklotz, wie meine Onkel sagten, wirkten die Frauen. Bestimmten die Frauen: „Mer gehn hoam", dann war Abmarsch angesagt. Die eindeutig zweideutigen Lieder der Männer verstand ich damals nicht, genau so wenig, das Gekreische der Frauen. Onkel Bert sang:

> „Fräulein Kätha steht auf der Fensterbank,
> von hinten und von vorn.
> Sie bürstet ihre Fenster blank,
> von hinten und von vorn.
> Und alle Leute bleiben stehn,
> von hinten und von vorn,
> die Scheuerbürste, war zu sehn,
> von hinten und von vorn.
> la,la,la, la, la…"

Oder wenn der Knodderer, mein Cousin, los ließ: „Hart ist der Schwanz der Ratte, härter ist die Morgenlatte."

Die Erwachsenenwelt benutzte in der Sexualität ein eigenes Vokabular. Ja, was hatte das denn zu bedeuten, wenn gesungen wurde:

> „Bei dir möchte ich sein,
> ohne Hemd ohne Hose,
> Fahr mir mit dem Schlauch
> übern Bauch in die Dose"?

(Nach der Melodie: Am Golf von Biskaya)

So war das eben, bei Tante Käthas Geburtstagen.

Ihrer Fürsprache hatte ich zu verdanken, dass ich gegen den Willen meines Vaters in die Schülermannschaft des FC Auerbach eintreten durfte. Ein absolutes Glücksgefühl.

Den Geschichten, die sie zu erzählen wusste, hörte jeder gerne zu.

Tante Kätha erzählt:

„Wisst ihr überhaupt, wie unser Kurt zu seinem Spitznamen kam? Also das war so. In der Schule haben sie durchgenommen, wie Schnüre und Stricke hergestellt werden. Das Material und die Arbeitstechniken, eben alles was dazu gehört. Zu guter Letzt fragte der Lehrer, nun, könnt ihr euch vorstellen, wie der Beruf heißt? Da meldet sich unser Kurt und antwortet laut: Der Kordler. Von diesem Tag an war er unter diesem Namen bekannt."

„Ihr kennt doch auch den Blumenpeter. Der fährt seit langem mit seinem Knoddelkärnchen herum und liest Pferdeäpfel auf, die er an die Kleingärtner weiter verkauft. Eines Tages haben sie ihm das Kärnchen versteckt. Er konnte es nicht wieder finden. Verstört lief er zu seiner Freundin. Die legte ihm die Arme um den Hals und sagte ganz verliebt: In deinen Augen sehe ich die ganze Welt. Da fragt der Peter: Siehst du auch mein Knoddelkärnchen?"

„Der Mattern Schorsch hat auf dem Bau ausgeholfen. Nach dem Frühstück fragt ihn ein Maurer: Schorsch, was ist denn mit dir los, du siehst heute so blass aus? Ich glaube, du gehst besser nach Hause. Eine halbe Stunde später sagt der Polier zu ihm: Schorsch du siehst aber heute schlecht aus. Geh besser heim, bevor du umkippst. Da lief der Schorsch nach Hause zu seiner Frau und entrüstete sich: Stell dir vor, andere Leute müssen mir sagen, dass ich krank bin."

„Die Schwestern vom Matter-Schorsch, die Marie und die Sophie, hatten zusammen ein Gebiss. Da es so bettelarme Leute waren, lud sie der Krause-Bäcker gelegentlich zum Kaffee ein. Nun besaßen sie ja nur ein Gebiss. Also wurde ausgelost, wer zuerst gehen durfte. Als Sophie eines Tages als zweite an der Reihe war und sich das Gebiss in den Mund schob, meinte sie kurz: Oh, heute gibt es Bienenstich."

Einen Vers von Tante Kätha werde ich nie vergessen:

„Ich un moi oaldi Fraa, könne schee doanze,
Sie nimmt de Bettelsack, ich nemm de Roanze.
Ich nemm de blinne Gaul, sie nimmt de scheele.
sie reit noach Linnefels, ich reit noach Fehle."

Zu meinem großen Bedauern habe ich es versäumt Tante Käthas reichhaltigen Anekdotenschatz aufzuschreiben. Ihr größter Verdienst im Alter, war die Gründung des wohl ersten hessischen Altenclubs: *Sonnenschein im Alter.*

Wandlung

Wenn Willmann berichtete, hörten ihm alle gespannt zu. Es schien eine Verwandlung in ihm vorzugehen. Ich bin überzeugt, er konnte sich in andere Zeiten versetzen und ein anderer Mensch werden. Wenn er einmal angefangen hatte zu erzählen, war sein Redefluss nur schwer zu bremsen. Es gab auch regelmäßig Unterbrechungen, wo nachgefragt oder ergänzt wurde, denn andere erinnerten sich ebenfalls an ihre längst vergessen geglaubte Kindheit. Ich bin davon überzeugt, sie waren Willmann dankbar, dass er bei ihnen etwas in Gang gesetzt hatte.

Samstag, 09. Juni 2012

Der Glaube

Ein Thema, mit dem man Willmann immer kommen konnte, war die Auseinandersetzung mit dem christlichen Glauben, insbesondere mit der organisierten Kirche, wie er immer zu sagen pflegte.

Auf diesem Gebiet schien er sehr belesen zu sein. Er wusste Quellen zu nennen, konnte Zitate aufsagen. Geschichtszahlen belegte er genau so präzise, wie Urteile und Erlasse. Ich diskutierte sehr gerne mit ihm. Mir gegenüber blieb er immer sachlich. Gläubige Menschen hat er, meine ich, häufig tief verletzt.

Auf unserer Bergwanderung eines Sonntags zur Kampenwand, kamen wir sehr häufig an seinem inneren Freund vorbei, so nannte er Jesus jedenfalls. Während einer Ruhepause hoch oben, im Rücken ein großes Kruzifix, im Vordergrund die imposante Bergwelt, sprach ich ihn deshalb einmal gezielt an. „Willmann, in Glaubensfragen weiß ich nicht so recht, was ich von dir halten soll. Wie war das denn in deiner Kindheit? Deine heutige Position muss sich doch über die Jahre entwickelt haben?" „Ich muss da nicht lange nachdenken", antwortete er.

Willmann redet über die Religion

In meiner Kindheit war das so:

Meine Mutter bestand darauf, dass ich vor dem Schlafengehen betete. Ich meine sogar, regelmäßig das gleiche Gebet:

> „Müde bin ich, geh` zur Ruh,
> schließe beide Äuglein zu.
> Vater lass die Augen dein,
> über meinem Bette sein.
> Hab ich Unrecht heut getan,
> sieh es, lieber Gott, nicht an.
> Deine Gnad und Jesu Blut,
> machen allen Schaden gut.
> Alle, die mir sind verwandt,
> Gott lass ruh` n in deiner Hand.
> Alle Menschen groß und klein,
> sollen dir befohlen sein.
> Kranken Herzen sende Ruh,
> müde Augenschließe zu.
> Gott im Himmel halte Wacht,
> gib uns eine gute Nacht."

Die Macht der Kirche reichte bis in die kleinste Familie. Beten, Religionsunterricht in der Schule, Konfirmandenunterricht. Der liebe Gott sieht alles und macht jeden Schaden wieder gut. Mit Gott konnte jedem ein schlechtes Gewissen eingeredet werden. Glockeneinweihung, Sportplatzeinweihung, Kirchweih, Einschulung, Verabschiedung, Heirat, Taufe, Tod, bei jedem Fest saß der Pfarrer mit am Tisch, musste zumindest eingeladen werden.

„Keine Widerrede!", bestimmte Mutter, „du gehst zum Konfirmandenunterricht." Also musste ich mit den anderen zweimal die Woche vom Herdweg in den Kirchweg stiefeln, immer das Gesangbuch unterm Arm. Vater enthielt sich zu meiner Enttäuschung der Stimme. Der gesellschaftliche Druck muss zu groß gewesen sein. Mir klingt noch im Ohr, wie er manchmal murmelte: „Großer Gott wir loben dich, Herr wir preisen Hoffmanns Stärke." (Gemeint war: Wäsche-Stärke) Aber auch: „Grüß Gott — wenn du ihn siehst." Manchmal lästerte er über den Stabsgefreiten INRI am Hochreck. Oder verabschiedete mich mit: „Geh mit Gott, aber geh." Zu den Goggomobil–Fahrern sagte er spöttisch: „Lieber Gott mach mich krumm, dass ich in moin Goggo kumm."

Im ersten Jahr Unterricht bei Pfarrer Wörger, konnte ich die Aversionen meines Vaters Pfarrern gegenüber gut nachvollziehen. Strenger noch als die Lehrer in der Schule, hielt er uns zu seitenlangem Auswendiglernen von Liedtexten an. Es dauerte Jahre, bis die alle wieder aus meinem Kopf heraus waren. Grauenhaft. Große Erleichterung, Wörger wechselte in ein anderes Pfarramt.

Der Neue hieß Träger. Kam mit Familie. Drei Kinder, die noch zur Schule gingen.

Pfarrer Träger erzählte uns Geschichten von Jesus. Wir durften Fragen stellen, damit der Sinn des Inhaltes auch klar wurde. Selbst Zweifel und Unverständnis konnten geäußert werden. Die Erzählungen des Pfarrers erlaubten es mir, Zusammenhänge herzustellen. Geschichte faszinierte mich schon während der Kindheit. Die Römer und Jesus, davon hatte ich in verschiedenen Fachbüchern gelesen, die in unserem Bücherregal standen. So gab es Quellen, die herangezogen werden konnten. Der Vergleich mit der Historie fiel mir nicht schwer. Dieser Jesus beeindruckte mich sehr, ein bewundernswerter Mensch. Den Darstellungen des Pfarrers gegenüber blieben Zweifel.

„Schrieb Jesus denn die Geschichten über seine Wunder selber auf?", fragte ich. „Oder erledigten das die römischen Schreiber?" „Nein", meinte der Pfarrer, „diese Aufgabe fiel später seinen Jüngern zu." Der Apostel Paulus schrieb sogar einen Brief an die Römer. Paulus schreibt, dass Jesus ihm gesagt habe, es stehe jedem frei, den Glauben anzunehmen oder abzulehnen. Nur durch gerechte Taten könne der Mensch sich zum christlichen Glauben bekennen."

Herr Pfarrer sagte ich: „Tante Kätha meint, wenn es den lieben Gott gibt, wieso hat er den Krieg zugelassen? Wieso nimmt er sich den einen an und liefert die anderen dem Teufel aus, wenn er doch allmächtig ist? Meine Tante glaubt, in der Dreifaltigkeit steckt nicht nur das Gute, sondern auch das Böse. Sie will nicht akzeptieren, dass der Mensch ohne freien Willen sein soll. Sie ist der Meinung, die größte Tat Gottes ist es, einen freien Menschen geschaffen zu haben."

Vor kurzem sagte sie etwas Komisches zu mir: „Stell dir vor, Gott wäre nicht in Gestalt seines Sohnes zur Welt gekommen, sondern als Ochse, Esel, vielleicht als Dickwurz oder gar als Mädchen. Wie würde zum Beispiel ein Dickwurz Wunder bewirkt haben? Wie hätten die Römer ihn kreuzigen sollen?"

Da fingen alle Konfirmanden an zu lachen. Pfarrer Träger runzelte die Stirn, graulte sich das Kinn.

Dann sprach er: „Was deine Tante da gesagt hat, stimmt mich schon nachdenklich, doch ich sollte wohl besser mit ihr selber darüber reden."

Ob er es je getan hat, entzieht sich meiner Kenntnis.

Das zweite Jahr Konfirmandenunterricht ging schnell vorbei. Die Stunden waren nie langweilig.

Der Sonntag der Konfirmation rückte näher. Sogar einen Anzug durfte ich mir aussuchen. Nach dem Gottesdienst fand meine Feier im Familienlokal statt. Kaffeetrinken mit selbst gebackenem Kuchen. Abendessen mit Braten und Klößen. Montags war schulfrei. Wir trafen uns mit dem Pfarrer. Die wichtigste Frage an diesem Morgen lautete: „Wie viel Geld hast du denn bekommen?"

Philosophisches

„Nachdem was du mir jetzt erzählt hast, kann ich dich schon besser verstehen", ließ ich Willmann wissen. „Aber, schau dir diese Natur um uns herum an, irgendwie muss diese Entwicklung ihren Anfang genommen haben", blickte ich ihn an. „Natürlich, die Natur bietet viele Beispiele für Schönheit, das ist für mich unbestritten", sinnierte er. „Auch die Herzen der Menschen können unendliche Güte in sich tragen. In Jesus sehe ich einen Menschen, der versuchte dieses Gute freizusetzen. Was, wenn Jesus einfach als Ideengeber, als Lebens-Philosoph zu sehen ist?", fragte Willmann. „Für mich gibt es auch ein Leben nach dem Tode: Das Leben der anderen."

„Das Böse, die Verfehlung, die Grausamkeiten auf dieser Welt, sind augenscheinlich gleichermaßen am Werk." Von daher kann ich nicht mehr gelten lassen, dass ein durch und durch höheres Gottes-Prinzip die Welt erschaffen hat", sagte er mit fester Stimme. „Ich glaube, darüber zerbrechen sich die Philosophen schon seit Jahrhunderten die Köpfe und werden es auch noch weiter tun", entgegnete ich. „Wir beide tun gut daran, diese Welt zu genießen." „Ja, durchaus, ich gebe dir vollkommen recht", stimmte er mir zu. „Wir sind nicht umsonst in dieser Klinik zur Behandlung."

„Genau, dann können wir jetzt den wunderbaren Abstieg hinunter ins Tal genießen und den Genusstag mit einer Maß Bier abschließen." „Das hast du aber jetzt schön gesagt", meinte Willmann und gab mir einen Klaps auf die Schulter.

Ende der Therapie

Die achte Behandlungswoche war angebrochen. Es sollte meine letzte werden. Vorsichtig fühlte ich bei Willmann vor, wie es denn bei ihm aussehe. Er wollte anfänglich nicht so recht mit der Sprache herausrücken, doch dann bestätige er, auch sein Aufenthalt neige sich dem Ende entgegen. „Na, dann geht es wieder hinaus ins feindliche Leben", sagte ich forsch. „Auf zu neuen Taten!" „Wir beide sollten es besser etwas langsamer angehen lassen, findest du nicht auch?", sagte er. „Wenn ich es genau überlege, kann ich dir nur zustimmen", bestätigte ich ihn. „Was hältst du von einem kleinen Abschiedstrunk, Willmann?" „Auf jeden Fall, das muss sein, eine Kleinigkeit habe ich dir noch zu erzählen. Damit du auch das Ende meiner Kindheit erfährst."

Freitag, 15. Juni 2012

Das Ende der Kindheit

Wir saßen bei einem Glas Rotwein.

Weißt du, der Wert von Bildung, wurde uns als Kinder nie vermittelt. Alles war mit Repressalien und Androhung von Strafen durchgesetzt worden. Wir Kinder hatten in der Schule keine Luft zum Atmen. Für mich war damals klar:

Nach der achten Klasse musste endlich Schluss sein. Entgegen der Empfehlung der Lehrer, meine Schullaufbahn am Aufbaugymnasium fortzusetzen, entschied ich mich in das Berufsleben einzusteigen. Meine Eltern benötigten außerdem jeden Pfennig, denn am neuen Haus war noch nicht alles fertig. Gerne hätte ich eine Lehre als Zimmermann oder Dachdecker begonnen. Freihändig auf dem Dachfirst zu Laufen und auf Gerüsten herum zu klettern, etwas Schöneres konnte ich mir nicht vorstellen.

Zu meinem Leidwesen setzte sich meine Mutter durch. Im gleichen Betrieb, in dem mein Vater arbeitete, bekam ich einen Lehrvertrag. Ich wurde Stift im ersten Lehrjahr.

Zukunft

Damit endeten Willmanns Schilderungen. Ich hätte ihm gerne noch weiter zugehört. Dieser Fundus an Erinnerungen schien mir noch nicht vollkommen erschöpft.

Er saß mir gedankenverloren gegenüber. „Was du mir bisher alles berichtet hast, Willmann, die Aufarbeitung deiner Kindheit, solltest du unbedingt aufschreiben", forderte ich ihn auf. Er blickte mich an. „Das hat mir mein Therapeut auch empfohlen", sagte er. „Weißt du was, wir könnten das vielleicht gemeinsam tun", schlug ich ihm vor. „Das würdest du tun?", sah er mich erstaunt an. „Auf jeden Fall, es wird mir eine Freude sein, dich einmal privat zu treffen und mit dir zusammen zu arbeiten", gab ich ihm zu verstehen. „In Ordnung", meinte er immer noch etwas erstaunt, „ich schreibe dir hier meine Adresse und Telefonnummer auf, dann kannst du mit mir Verbindung aufnehmen. Du bist jeder Zeit bei mir willkommen."

Samstag, 16. Juni 2012

Abschied von Prien

Am Samstag Morgen nach dem Frühstück verabschiedete sich Willmann von allen. Ich begleitete ihn noch bis vor die Klinik, wo ein Taxi auf ihn wartete, das ihn zum Bahnhof bringen sollte.

Er umarmte mich wortlos. Wir hatten beide Tränen in den Augen. Das Taxi fuhr ab. Willmann winkte.

Ich freute mich auf ein Wiedersehen.

Über tredition

Der tredition Verlag wurde 2006 in Hamburg gegründet. Seitdem hat tredition Hunderte von Büchern veröffentlicht. Autoren können in wenigen leichten Schritten print-Books, e-Books und audio-Books publizieren. Der Verlag hat das Ziel, die beste und fairste Veröffentlichungsmöglichkeit für Autoren zu bieten.

tredition wurde mit der Erkenntnis gegründet, dass nur etwa jedes 200. bei Verlagen eingereichte Manuskript veröffentlicht wird. Dabei hat jedes Buch seinen Markt, also seine Leser. tredition sorgt dafür, dass für jedes Buch die Leserschaft auch erreicht wird

Autoren können das einzigartige Literatur-Netzwerk von tredition nutzen. Hier bieten zahlreiche Literatur-Partner (das sind Lektoren, Übersetzer, Hörbuchsprecher und Illustratoren) ihre Dienstleistung an, um Manuskripte zu verbessern oder die Vielfalt zu erhöhen. Autoren vereinbaren unabhängig von tredition mit Literatur-Partnern die Konditione n ihrer Zusammenarbeit und können gemeinsam am Erfolg des Buches partizipieren.

Das gesamte Verlagsprogramm von tredition ist bei allen stationären Buchhandlungen und Online-Buchhändlern wie z. B. Amazon erhältlich. e-Books stehen bei den führenden Online-Portalen (z. B. i-Bookstore von Apple) zum Verkauf.

Seit 2009 bietet tredition sein Verlagskonzept auch als sogenanntes "White-Label" an. Das bedeutet, dass andere Personen oder Institutionen risikofrei und unkompliziert selbst zum Herausgeber von Büchern und Buchreihen unter eigener Marke werden können.

Mittlerweile zählen zahlreiche renommierte Unternehmen, Zeitschriften-, Zeitungs- und Buchverlage, Universitäten, Forschungseinrichtungen, Unternehmensberatungen zu den Kunden von tredition. Unter www.tredition-corporate.de bietet tredition vielfältige weitere Verlagsleistungen speziell für Geschäftskunden an.

tredition wurde mit mehreren Innovationspreisen ausgezeichnet, u. a. Webfuture Award und Innovationspreis der Buch-Digitale.

tredition ist Mitglied im Börsenverein des Deutschen Buchhandels.

Zeitfracht Medien GmbH
Ferdinand-Jühlke-Straße 7
99095 Erfurt, Deutschland
produktsicherheit@kolibri360.de